Fritz Pölking
Die Tierwelt im Sucher

Die Tierwelt im Sucher

Fritz Pölking
Text und Fotografien

AUGUSTUS

Eisvogel, Münsterland (Westfalen).

Seite 1: Porträt eines Kaninchenkauzes, Florida.
Seite 2/3: Fischadler, Schweden.

Das Werk einschließlich aller seiner Teile ist urheberrechtlich geschützt. Jede Verwertung außerhalb des Urhebergesetzes ist ohne Zustimmung des Verlages unzulässig und strafbar. Das gilt insbesondere für Vervielfältigungen, Übersetzungen, Mikroverfilmungen und die Einspeicherung und Verarbeitung in elektronischen Systemen.

Es ist deshalb nicht gestattet, Abbildungen dieses Buches zu scannen, in PCs oder auf CDs zu speichern oder in PCs/Computern zu verändern oder einzeln oder zusammen mit anderen Bildvorlagen zu manipulieren, es sei denn mit schriftlicher Genehmigung des Verlages.

Alle Fotografien in diesem Buch sind Originalaufnahmen, die nicht digital verändert wurden.

Die Deutsche Bibliothek – CIP-Einheitsaufnahme

Ein Titeldatensatz für diese Publikation ist bei der Deutschen Bibliothek erhältlich.

AUGUSTUS VERLAG, München 2000
© Weltbild Ratgeber Verlage GmbH & Co. KG

Fotografien: Fritz Pölking
Lektorat: Barry Sandoval
Layout/Satz: Bernd Walser Buchproduktion, München
Kartografie: Lidman Production, Stockholm
Umschlaggestaltung: Nils Schleusner
Reproduktion: Fotolito Longo, Bozen
Druck und Bindung: Neue Stalling, Oldenburg
ISBN 3-8043-5141-7
Printed in Germany

Inhalt

Schneeaffe, Nagano, Japan.

Vorwort	6
Einführung	7
Antarktis	8
Südamerika	26
Nordamerika	50
Europa	82
Asien	100
Afrika	116
Ein Blick hinter die Kulissen	168
Register	174

Vorwort

Ein neues Buch des weltbekannten Tierfotografen Fritz Pölking! Großartig, wundervoll aufgemacht, wie man es von ihm gewohnt ist.
Es ist dabei keineswegs allein der routinierte Blick eines Naturfotografen durch den Sucher, der den Betrachter der Bilder mitten in die facettenreiche Tierwelt vieler Teile unserer Erde führt. Tatsächlich ist es Pölkings einfühlsame Naturverbundenheit, die seine Bildstrecken zu einem aussagekräftigen Tierbuch hat werden lassen.

Fritz Pölking, ein ebenso renommierter wie begnadeter Tierfotograf, besitzt die Geduld eines Leoparden auf der Lauer. Durch umfangreiche Kenntnisse über das Verhalten der Tiere, die er beobachtet, entwickelt Pölking das Gespür, 'zur richtigen Zeit am richtigen Ort' zu sein.
Die ausgewählten Bilder spiegeln die Tierwelt im natürlichen Spannungsfeld zwischen unermesslicher Gelassenheit und dramatischer Aktion wieder. Diese beiden Pole tierlichen Verhaltens sind für einen Tierfotografen unerlässliche Tugenden. Pölking erbeutet seine Bilder einerseits mit der schier unerschöpflichen Geduld, die man bei tierlichen Ansitzjägern findet. Andererseits explodiert seine fotografische Aktivität förmlich, wenn sich das Geschehen bei den von ihm beobachteten Tieren plötzlich überschlägt. Ohne eine solche Polarität erkennbar zu machen, ist ein in sich geschlossenes Bild vom Wesen der Tiere nicht darzustellen.

Pölking gibt in diesem Buch eine Beschreibung der Tierwelt der ganzen Erde zu Protokoll. Wenn dabei Afrikas Tiere ein gewisses Übergewicht erlangen, so entspricht das durchaus dem Konzept möglichst umfassender Information. Denn Afrika ist nun einmal der tierreichste Kontinent. Im Übrigen sind die einzelnen hier vorgestellten Tierarten der Kontinente bei aller Verschiedenheit durch gemeinsame Bau- und Verhaltenspläne oft nahe miteinander verwandt.
Der Vielfalt der Arten und der großen Variationsbreite von Formen, Farben und Verhaltensweisen steht die Einheitlichkeit des Lebendigen gegenüber. Alle Lebewesen haben dieselben Grundbedürfnisse, auch wenn sie diese auf die verschiedenste Art und Weise befriedigen. Das Buch zeigt, wie sehr Vielfalt und Gemeinsamkeiten zusammengehören.

Dr. Horst Hagen, Travemünde

Leopardin mit Jungem, Masai Mara, Kenia.

Einführung

Jeder, der sich näher mit Naturfotografie in Deutschland beschäftigt, kennt Fritz Pölking. Denn niemand hat diesen Bereich der Fotografie in den vergangenen dreißig Jahren so sehr beeinflusst und ihn gleichzeitig derart symbolhaft repräsentiert wie er.
Sein erstes Vogelfoto machte Pölking im Alter von 15 Jahren im Garten hinter seinem Elternhaus. Obgleich er seitdem insbesondere von der Vogelfotografie begeistert war, machte er den Schritt in das echte Leben zunächst als Konditormeister. Diesen Irrweg, der seiner wahren Bestimmung überhaupt nicht gerecht sein konnte, verließ er schon bald und über den Umweg des Fotografenmeisters wurde er schließlich freier Tierfotograf und Verleger.
Insbesondere durch die von ihm 1970 gegründete und jahrelang herausgegebene Zeitschrift »Tierfotografie« machte er sich und seine Bilder einem breiten Publikum bekannt. Seine damaligen, mittlerweile schon legendären Kommentare zu aktuellen Entwicklungen in der Tierfotografie sind unvergesslich. Das »Pölking-Heft« existiert in Gestalt von *Naturfoto* noch heute und Fritz Pölking ist noch immer einer der eifrigsten Artikelschreiber.
Im Laufe der Jahre hat Fritz Pölking mehrere wunderschöne Bildbände herausgebracht und durch etliche Lehrbücher zur Naturfotografie hat er eine ganze Generation von Nachwuchsfotografen von seinen Erfahrungen profitieren lassen. 1971 hat Fritz Pölking maßgeblich die Gründung der Gesellschaft Deutscher Tierfotografen in die Wege geleitet, mehrmals war er deren Präsident und noch heute ist er im Vorstand der Gesellschaft ein gern gesehener Berater.
Im Gegensatz zu vielen seiner ehemaligen Weggefährten, die irgendwann in der Fotografie ihrer Zeit stecken geblieben sind, ist Fritz Pölking ständig am Ball geblieben und hat der Fotografie hierzulande immer wieder neue Impulse gegeben. Und auch heute noch, mittlerweile als »Altmeister« der Naturfotografie, zeigt Fritz Pölking dem jung-dynamischen Fotografennachwuchs immer mal wieder, wo es lang geht, wenn er mit neuen, überraschenden Projekten und Ideen aufwartet.
Im vorliegenden Buch zeigt uns Fritz Pölking einen Gesamtquerschnitt seiner Arbeit, eine allerdings nur vorläufige Übersicht, denn ein Ende seines Schaffens ist noch lange nicht in Sicht ...

Klaus Nigge
Klaus Nigge
Vorstandsmitglied der Gesellschaft Deutscher Tierfotografen e.V.

Fischadler, Florida, USA.

Antarktis

Die kühlen Südländer

Kaiserpinguine sind die größten, und keine andere Tierart auf der Welt hat eine derart faszinierende Lebensweise.

Im letzten Licht des Herbstes, vor der großen Winterdunkelheit, legt jedes Kaiserpinguinweibchen ein einzelnes Ei, um danach im offenen Meer zu verschwinden. Das Männchen balanciert nun zwei Monate lang dieses Ei auf seinen Füßen durch die bittere Kälte des Winters.

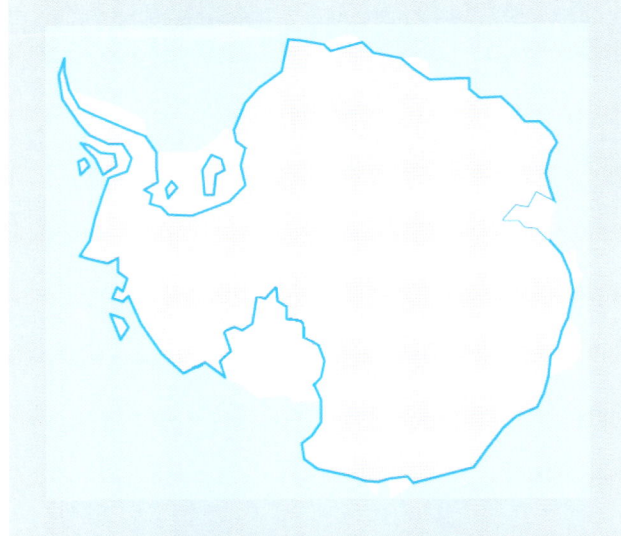

Das Weddellmeer ist im oberen linken Bereich dieser Karte zu sehen. Seine Inseln und der Dawson-Lambton-Gletscher sind mit dem Schiff ab Südamerika in ca. 1 bis 4 Tagen (mit viel Glück) erreichbar.

Die Männchen bleiben etwa neunzig Tage ohne Nahrung und brüten davon 62 bis 64 Tage. Die Mütter kehren erst vom Meer zum Partner zurück, wenn die Jungen schlüpfen. Jetzt sorgen sie für die Kleinen, und die Männchen suchen im Meer nach Nahrung, um ihr altes Gewicht wieder zu erreichen.

Vorherige Seite: Willkommen in der Antarktis! Links ein Eisberg, rechts eine Goldschopfpinguin-Kolonie in Südgeorgien.

Bei Wind, Sturm oder großer Kälte bilden die kleinen Kaiserpinguine dichte Gruppen, um sich gegenseitig zu wärmen und vor den Unbilden zu schützen.

Bilder oben und rechts:
2,8/80-200 mm,
Sensia-100, Stativ.

Die Kaiserpinguinkolonie am Dawson-Lambton-Gletscher in der Antarktis. Sie umfasst 5.000 bis 10.000 Exemplare.

Die Jungen wachsen zuerst langsam, wenn aber im antarktischen Frühsommer die Nahrung reichlicher wird, werden sie häufiger gefüttert und wachsen schneller. Im Alter von 5 Monaten, etwa im Januar/Februar, müssen sie dann das Meer aufsuchen, weil die Eltern die Brutkolonie etwa einen Monat vorher verlassen haben. Die Jungen haben jetzt nur die Wahl entweder in der Kolonie zu verhungern oder zum offenen Wasser zu wandern um sich dort fortan selber zu ernähren.

Kaiserpinguine sind mit 100 bis 120 cm die größten Pinguine und erreichen ein Gewicht zwischen 20 und 40 kg.

Ein Blick hinter die Kulissen: So wie oben rechts zu sehen, zelteten wir zehn Tage am Rande der Kaiserpinguinkolonie auf dem Eis. Es war ein Leben im Kühlschrank – oder besser: ein Leben in der Tiefkühltruhe mit Temperaturen zwischen 10 und 30 Grad minus.

Jetzt im November sind die Jungen etwa vier Wochen alt. Da die Eltern keine Nester bauen, wandert die ganze Kolonie ständig umher.

Zwei Bilder rechts:
3,5-4,5/28-70 mm,
Sensia-100, Stativ.
Ganz rechts:
4.0/300 mm,
Sensia-100, Stativ.
Seite 12:
3,5-4,5/28-70 mm,
Sensia-100, Stativ.

Unsere Zelte am Dawson-Lambton-Gletscher.

Wie man am Bild der beiden amerikanischen Kollegen sieht, sind die Arbeitsbedingungen am Dawson-Lambton-Gletscher alles andere als ideal.

Das seltene Bild eines Familienidylls: Fast immer sind die großen und kleinen Pinguine umringt von dutzenden oder gar hunderten anderer. Nur an den Rändern der Kolonie kann man manchmal solche emotionalen Bilder machen.

Kaiserpinguine im Schneesturm.

2,8/80-200 mm.
Sensia-100, Stativ.

Eine Gruppe, die vier Jahre vor uns hier zeltete, wurde von einem Schneesturm überrascht und die Zelte drei Meter hoch von Schnee bedeckt. Man brauchte 24 Stunden um die Zelte wieder auszugraben.

Erfreulich für die Pinguine ist, dass es keine Landraubtiere in der Antarktis gibt: keine Polarbären, keine Eisfüchse, nichts. Daher haben sie auch keine Angst vor Menschen. Wenn man still stehen bleibt, kommen sie in Gruppen von 2 bis 20 Exemplaren bis auf einen Meter herangelaufen um sich diese »unbekannten Riesenpinguine« aus der Nähe anzusehen.

Notizen aus der Antarktis

Schneestürme sind für den Fotografen noch unangenehmer als für die Kaiserpinguine – diese stehen nur mit den Füßen auf dem kalten Boden, sind solche Temperaturen und Wetterbedingungen gewohnt und haben sich im Laufe der Evolution ein entsprechend isolierendes Federkleid zugelegt.

Der Fotograf liegt mit dem ganzen Körper auf dem kalten Boden und muss Hände und Gesicht frei lassen, sonst kann er nicht fotografieren und Filme wechseln.

Dumm auch, dass die Pinguine so schlau sind, sich mit dem Rücken zum Schneesturm zu stellen; dadurch kommt für den Fotografen der Schnee direkt von vorne aufs Objektiv und die Schutzbrille, so dass es jetzt heißt: Schluss mit lustig.

Einige weitere Nachteile dieser Reise: zehn Tage ohne warme Dusche; zehn Tage ohne Wärme überhaupt; das kleine Flugzeug konnte nur 25 Kilo Ausrüstung pro Passagier aushalten; teilweise muss man wochenlang auf den Abflug warten (in Punta Arenas, Chile), bis das Wetter in der Antarktis eine Landung zulässt.

Wenigstens kann sich der Antarktis-Fotograf über 24 Stunden Tageslicht freuen.

Leben im Kühlschrank

Die Adeliepinguine sind das inoffizielle Wappentier der Antarktis, weil sie fast überall auf dem Kontinent brüten, wo es für Pinguine möglich ist, zu überleben. Ihre Kolonien sind oft viele tausend Paare groß und die Partner wechseln sich bei der Brut im kurzen antarktischen Sommer (Dezember bis Februar) regelmäßig ab. Die Eselspinguine verdanken ihren Namen ihrem Ruf, der (entfernt)

links: 2,8/300 mm, Sensia-100, Stativ.
oben: 3,5-4,5/28-70 mm, Sensia-100, Stativ.
rechts: 2,8/300 mm, Sensia-100, Stativ.

Eselspinguine auf der Antarktischen Halbinsel.

Adeliepinguine auf Paulet Island.

Die zauberhaften Goldschopfpinguine auf Südgeorgien.

an jene großen Säugetiere erinnert. Der Eselspinguin scheint sesshafter zu sein als die anderen Arten, denn er hat sich in drei Unterarten aufgespalten, was darauf schließen lässt, dass ein Eselspinguin seine Gene nur in der eigenen Kolonie verbreitet.

Als Pinguinfotograf in der Antarktis hat man bei diesen zauberhaften Tieren immer ein ernsthaftes Belichtungsproblem, wenn man mit Diafilm arbeitet. Während man sich mit Farbnegativfilm Abweichungen von 1 bis 2 Blendenstufen ohne weiteres erlauben kann, muss ein Dia immer noch ganz exakt belichtet werden. Da gibt es zwei Wege: Man vertraut auf sein Glück und belichtet alle Dias im Schnee einfach eine Blendenstufe zu hell oder benutzt einen Handbelichtungsmesser, womit man die korrekte Belichtung ganz exakt feststellen kann.

Unkönigliche Enge

Die Königspinguine sind nicht ganz so vernarrt in die Kälte wie die Kaiserpinguine. Sie brüten lieber in den subantarktischen und gemäßigt kalten Breiten, ja sogar vor Südamerika auf den Falklandinseln. Eine riesige (und atemberaubende) Brutkolonie mit über 100.000 Individuen haben die Königspinguine auf Salisbury Plain auf Südgeorgien. Die Jungen sind den ganzen Winter über hier in dieser Kolonie, werden dann nur alle zwei Wochen gefüttert, so dass sie an Gewicht verlieren, bevor sie im folgenden Sommer wieder reichlich mit Nahrung versorgt werden.

Nur Königspinguine (hier abgebildet) und Kaiserpinguine (Seite 10) die beide keine Nester bauen, sondern ihre Jungen auf den Füßen ausbrüten, sieht man so dicht gedrängt zusammenstehen. Alle anderen Pinguine halten etwas auf Abstand.

2,8/80-200 mm, Sensia-100, Stativ, Blende 22.
rechts: 3,5-4,5/35-70 mm, Sensia-100, Stativ

Königspinguin füttert den Nachwuchs.

oben: 2,8/300 mm, Sensia-100, Stativ.

Königspinguine sind fast so groß wie Kaiserpinguine, wiegen aber nur etwa die Hälfte. Königspinguine sind wesentlich angenehmer zu fotografieren als Kaiserpinguine, weil sie eben nicht ihre kleinen Jungen in so extremer Kälte aufziehen und weil die Kolonien in Südgeorgien bequem mit dem geheizten Schiff zu erreichen sind (am besten von den Falklandinseln aus).

Baronpinguine sind eine Art, die man erst kürzlich in einer unzugänglichen und abgelegenen Ecke von Salisbury Plain auf Südgeorgien entdeckt hat. Sie sehen den Kaiser- und Königspinguinen sehr ähnlich. Man kann das leicht feststellen, wenn man sie etwa mit den Königspinguinen auf dem Bild rechts vergleicht. Dort steht in der Mitte ein Trupp großer Jungvögel, umgeben von ausgewachsenen Exemplaren.

*Königs-
pinguine.*

Ein Baronpinguin.

links: 2,8/80-200 mm,
Sensia-100, Stativ, Blende 22.
oben: 2,8/300 mm, Konverter
1,4x, Sensia-100, Stativ.

Notizen aus Südgeorgien

*Die »kopflosen« Baronpinguine sind endemisch hier auf Südgeorgien. Sie sind natürlich nicht wirklich kopflos, sondern sie können den Kopf sozusagen ein- und ausfahren als Anpassung an das rauhe Klima und die unmenschlich kalten Winter. Dadurch dass der Kopf eingewachsen ist, sind natürlich viele Organe wesentlich besser geschützt. Der Baronpinguin entstand wahrscheinlich vor etwa 250.000 Jahren aus Kreuzungen zwischen Kaiser- und Königspinguinen, daher auch seine frappierende Ähnlichkeit mit diesen beiden Arten. Er bekam seinen Namen von dem bekannten Pinguinforscher Prof. Dr. Matthias Land, wegen seiner biologischen Stellung zwischen den beiden anderen Großpinguinen.
Wie man am Bild der braunen, etwa ein Jahr alten Jungvögel sieht, ist er fortpflanzungsfähig. Dies sind die ersten Fotos, die jemals vom Baronpinguin gemacht worden sind.*

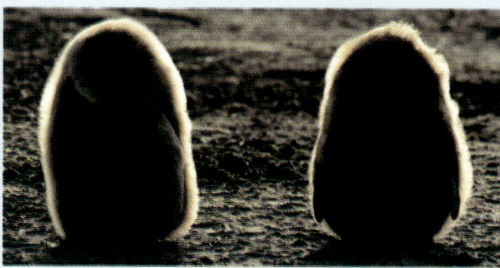

David und Goliath

See-Elefanten, auch Südliche Elefantenrobben genannt, findet man auf den meisten Inseln der subantarktischen Region, einschließlich der wilden Inseln Südgeorgiens. See-Elefantenmännchen kämpfen, um sich am Strand ein eigenes Territorium zu erobern – eine wichtige Voraussetzung für die Gründung eines Harems. Sie kämpfen um die besten Reviere und die größte Anzahl an Weibchen. Sie stehen am Ende der Nahrungskette und haben es hier leicht, seit der Mensch sie nicht mehr in Massen hinschlachtet, denn in den Gewässern wimmelt es nur so an Beute. Daher haben sie viel überflüssige Zeit, die sie am Strand liegend – und den Harem bewachend – verbringen.

Ein kleiner Vogel, der Einfarb-Uferwipper, hat die riesigen See-Elefanten als Nahrungsbiotop entdeckt. So wie es Putzerfische unter Wasser gibt oder in Afrika Madenhacker, die aus der Luft kommend das Fell von Großsäugern nach Parasiten absuchen, so hat der Uferwipper die ruhenden See-Elefanten in sein Revier einbezogen; es sieht grandios aus, wenn er – wie hier – dem großen Tier Parasiten quasi aus der Nase ziehen will.

See-Elefanten (links) sind ebenso wie die Südgeorgien-Pelzrobben (rechts) Menschen gegenüber indifferent und – eigentlich – ungefährlich. Man muss nur aufpassen, nicht zu nahe zu kommen, denn manchmal können sie erstaunliche Geschwindigkeiten entwickeln und würden einen Menschen glatt »platt walzen«, wenn er dann im Wege ist. Auf Südgeorgien gibt es etwa 400.000 Pelzrobben und manchmal sind auch hell gefärbte Exemplare darunter, wie unten auf dem Bild zu sehen ist.

links:
4,0/300 mm,
Kodachrome-64,
Stativ.

2,8/300 mm, 1,4x
Konverter, Sensia-100, Stativ.

links: See-Elefant und Einfarb-Uferwipper.

Südgeorgien-Pelzrobben.

Südamerika

Zutraulich und gefährlich

Die Karakaras auf den Falklandinseln sind ausgesprochen neugierige Greifvögel und überhaupt nicht ängstlich. Manchmal wird man von 5 bis 10 Exemplaren umringt, und sie versuchen an den Schnürsenkeln zu ziehen. Daher gehören sie zu den wenigen Vogelarten, die man auch mit Weitwinkel-Objektiven fotografieren kann. Anderen Tieren gegenüber sind sie weniger freundlich: Manchmal marschieren sie mitten in eine Pinguinkolonie hinein, schnappen sich eines der (oft schon ausgewachsenen) Tiere und fliegen damit einige Meter von der Kolonie fort, wo sie das junge Tier dann töten. Sie sind (wie viele Greifvogelarten) Opportunisten und nehmen, was die Jahreszeiten und die »heimische Küche« bieten. Wenn es sein muss auch Würmer oder angeschwemmte Meerestiere.

Falkland-Karakaras waren früher in Südamerika weit verbreitet, wurden aber von den Bauern verfolgt, so dass sie heute fast nur noch auf den Falklandinseln anzutreffen sind. Sie gehören zu den Geierfalken, und ihr lautmalerischer Name Karakara kommt aus dem Indianischen auf Grund ihres harten, knarrenden Rufes.

Karakaras sind die Krähen der Falklandinseln und leben von Aas, Abfällen und Kleintieren. In den Anden sieht man Karakaras auch mit Kondoren zusammen an Kadavern von größeren Tieren. Sie bauen ihre Nester gerne unter Überhängen an Felsenkliffen, wo sie ein paar Zweige, Gras oder Schafwolle in einer Mulde zusammentragen.

Sie sind in neun Arten über Südamerika verbreitet, und selbst noch in Florida kann man Karakaras als Brutvögel antreffen.

Die Falklandinseln genießen einen hohen Bekanntheitsgrad, spätestens seit der Auseinandersetzung 1982 zwischen Großbritannien und Argentinien. Mit Linienflügen von Santiago, Chile (einmal wöchentlich) oder von London aus zu erreichen.

Vorherige Seiten: Pantanal, Brasilien, rechts eine Würgfeige im Pantanal.

4.0/300 mm, Kodachrome-64, Stativ.

Stille Eleganz

Der Mollymauk oder Schwarzbrauen-Albatros brütet gerne in Felsen, aber auch auf großen, freien Flächen. Hier baut er seine interessanten Topfnester immer in Schnabelabstand zum nächsten Nest, und so entsteht in der Kolonie der Eindruck einer symmetrischen Ordnung.

Albatrosse sind echte Hochseebewohner und leben auf den Meeren mit starken Luftströmungen, wo sie ohne Flügelschlag über den Wellenkämmen auf- und abgleiten können.

Albatrosse können Meerwasser trinken, weil sie durch die Nasendrüsen das meiste Salz aus dem Wasser wieder ausscheiden können.

Sie leben hauptsächlich von Tintenfischen, überwältigen aber auch Seevögel. Der Schwarzbrauen-Albatros folgt gerne Schiffen, um Nahrungsreste aufzusammeln, die über Bord geworfen werden.

Albatrosse zu fotografieren ist ein ausgesprochenes Vergnügen – weil sie den Fotografen ignorieren. Man fühlt sich dadurch ihrer Umwelt zugehörig und kann ganz entspannt arbeiten. Die stille Eleganz dieser großen Vögel, ihr interessantes Verhalten und die imposante Erscheinung prädestinieren sie geradezu für ausdrucksstarke Fotos.

Der Schwarzbrauen-Albatros.

links: 3,5-4,5/35-70 mm, Sensia-100, Stativ.
oben: 2,8/300 mm, 1,4x Konverter, Sensia-100, Stativ.
zwei Bilder rechts: 4,0/300 mm, Kodachrome 64, Stativ.

Der größte Storch

Der Jaribu-Storch gehört zu den in drei Arten existierenden Großstörchen (Jaribu, Indien-Großstorch und der afrikanische Sattelstorch). Störche essen nur tierische Nahrung sind also keine Vegetarier. Sie bauen alle große Nester und legen weiße Eier.

Der Jaribu-Storch nutzt oft die menschliche Nähe, und so findet man seine Nester auf Bäumen in der Nähe von Farmen in Südamerika oder auf den Weiden der Rinder.

Um den Jaribu am Nest zu fotografieren, ist ein langbrennweitiges Objektiv sehr nützlich, wenn möglich mit Konverter. Man kann ihn auch aus der Nähe aufnehmen, weil die meisten nicht scheu sind, aber dann hat man eine sehr steile Perspektive zum Nest, was nicht besonders gut aussieht.

4,0/500 mm mit 1,4x Konverter, Sensia-100, Stativ.

Unglaublich

Der Riesentukan.

4,0/500 mm, Konverter 1,4x
Sensia-100, Stativ, Pantanal.

Notizen aus dem Pantanal

Töpfervögel bauen mit die unglaublichsten Nester, die ich je in der Vogelwelt gesehen habe. Es ist nicht so sehr die Form oder die Art des Nestes, sondern dass sie es auf einem Ast bzw. über dem Ast oder dicken Zweig befestigen. Auf dem Foto kann man sehr schön sehen, wie sie eine komplette Kugel bauen, um dann schließlich nur noch einen schmalen Spalt als Eingang frei zu lassen. Eine unglaublich konstruktive Leistung für so einen kleinen Vogel. Überhaupt ist die Vogelwelt in Südamerika unglaublich: Wenn man zum ersten Male einen Riesentukan mit seinem Bananenschnabel vor dem strahlend blauen Himmel durch die Luft hat fliegen sehen – man glaubt es nicht.

Die Perfekten

Der Brillenkaiman, auch Krokodilkaiman oder Yacarekaiman genannt, gehört zu den Krokodilen. Während wir Menschen erst vor ein paar zehntausend Jahren unsere heutige – endgültige? – Gestalt angenommen haben, in unserer Absetzbewegung aus der Familie der Menschenaffen, gibt es die Krokodile in ihrer jetzigen Form schon seit etwa 60 Millionen Jahre. Sie muss also so gut wie perfekt sein, sonst hätte sie sich sicher weiterentwickelt.

Zum Thema »Krokodile und Alligatoren«: Die Familienverhältnisse bei den Krokodilen sind allerdings etwas unübersichtlich. Es gibt zuerst einmal die Familie Crocodylidae mit drei Unterfamilien: Alligatorinae, Crododylinae und Gavialinea. In der Unterfamilie Alligatorinae gibt es die Gattung Alligator mit zwei Arten, die Gattung Kaiman, auch mit zwei Arten, die Gattung Paleosuchus mit zwei Arten und die Gattung Melanosuchus mit einer Art.

In der Unterfamilie Crocodylinae gibt es die Gattung Krokodil mit zwölf Arten, die Gattung Stumpfkrokodil mit einer Art und die Gattung Tomistoma auch mit einer Art.

In der Unterfamilie Gavialinea gibt es nur eine Gattung, Gavialis genannt, mit einer Art. In der gesamten Familie gibt es also 22 Arten – zurzeit. Wissenschaftler neigen dazu, hin und wieder Familien, Gattungen und Arten neu miteinander in Beziehung zu setzen.

Dieses Verhalten hier konnte ich noch bei keiner anderen Krokodilart beobachten: Die Brillenkaimane im Pantanal legen sich fast jeden Abend kurz vor Einbruch der Dunkelheit an kleine Wasserfälle und Stromschnellen und warten dort mit geöffnetem Maul auf vorbeikommende Fische. Anscheinend lohnt sich diese Jagdart nicht bei Tage, weil die Fische sie dann zu leicht erkennen können, aber in der Dunkelheit muss sie sehr erfolgreich sein, denn sonst würden sie sich nicht jeden Abend in so großer Zahl einfinden.

Im Südwesten Brasiliens liegt der Pantanal, das größte Marschland der Welt. Neben den hier abgebildeten Krokodilen beherbergt dieses 100.000 km² große Gebiet über 600 Vogelarten.

2,8/105 mm, Sensia-100, Stativ, Zeitbelichtung.

Wenn man Bilder sieht wie das hier vom Kaiman mit einem Schmetterling, dann vermutet man immer, sie entstehen in der abgeschiedensten Einsamkeit der entferntesten Winkel unserer Erde. Dieser Kaiman etwa lag jeden Morgen neben einer Straße – alle zehn Minuten kam ein Auto vorbei. Da der Kaiman direkt neben dem befestigten Weg lag, wäre er dann jedes Mal im Wasser verschwunden. Daher musste ich eine Woche lang jeden Morgen mit zwei Hilfskräften den Autoverkehr zehn Meter von der Straße durch matschiges Gelände umleiten, was nicht so einfach war, weil die Fahrer Angst hatten, stecken zu bleiben, und entsprechend wenig Interesse an das Gelingen meiner Aufnahmen. Eine stressige Situation, aber was tut man nichts alles, um die Wunder der Natur romantisch und verklärt im Bilde festzuhalten.

4,0/500 mm, Konverter 1,4x, Sensia-100, Stativ.

Notizen aus dem Pantanal

In Afrika habe ich Nilkrokodile fotografiert, in Florida Alligatoren und in den Everglades das Spitzkrokodil, aber noch nie und nirgendwo habe ich Schmetterlinge auf der Nase oder am Auge eines Krokodils gesehen, außer in Südamerika beim Brillenkaiman. Diese Fackelschmetterlinge, die hin und wieder am Kopf der Kaimane zu finden sind, suchen in der Flüssigkeit rund um die Augen dieser Krokodile nach Nährstoffen. Anscheinend haben die anderen Familienmitglieder in Nordamerika und Afrika diese Quelle noch nicht entdeckt. Wenn der Schmetterling am Auge des Reptils sitzt, macht dieses oft die Augen zu und versucht den Schmetterling abzuschütteln, weil er offensichtlich lästig ist. Ich habe sogar schon beobachtet, dass ein Kaiman völlig entnervt ins Wasser ging, um den Schmetterling loszuwerden. Der blieb aber sitzen bis zur allerletzten Sekunde, als der Kaiman untertauchte.

Wunderschön

Die großen Papageien sind immer stärker vom Aussterben bedroht. Jeden Tag verschwinden riesige Gebiete ihrer Brutheimat durch Rodungen, und im verbleibenden Rest werden sie immer noch gefangen und auf dem Schwarzmarkt verkauft.

Sie sehen so wunderschön und sauber aus: Aber die unromantische Wahrheit ist, dass sie am liebsten im Kot von Kühen und Rindern fressen. Dort sind nämlich – von den Rindern unverdaut wieder ausgeschieden – große Nüsse drin zu finden, die zur Lieblingsnahrung der großen Papageien gehören. Aus nahe liegenden Gründen entschied ich mich, das nicht zu fotografieren.

4,0/500 mm, 1,4x Konverter, Sensia-100, Stativ.
nächste Seite: 4.0/500 mm, Sensia-100, Stativ.

Hyazinth-Aras im Pantanal.
Dieses riesige Überschwemmungsgebiet
gehört zu den letzten Brutgebieten
dieser schönen Papageien.

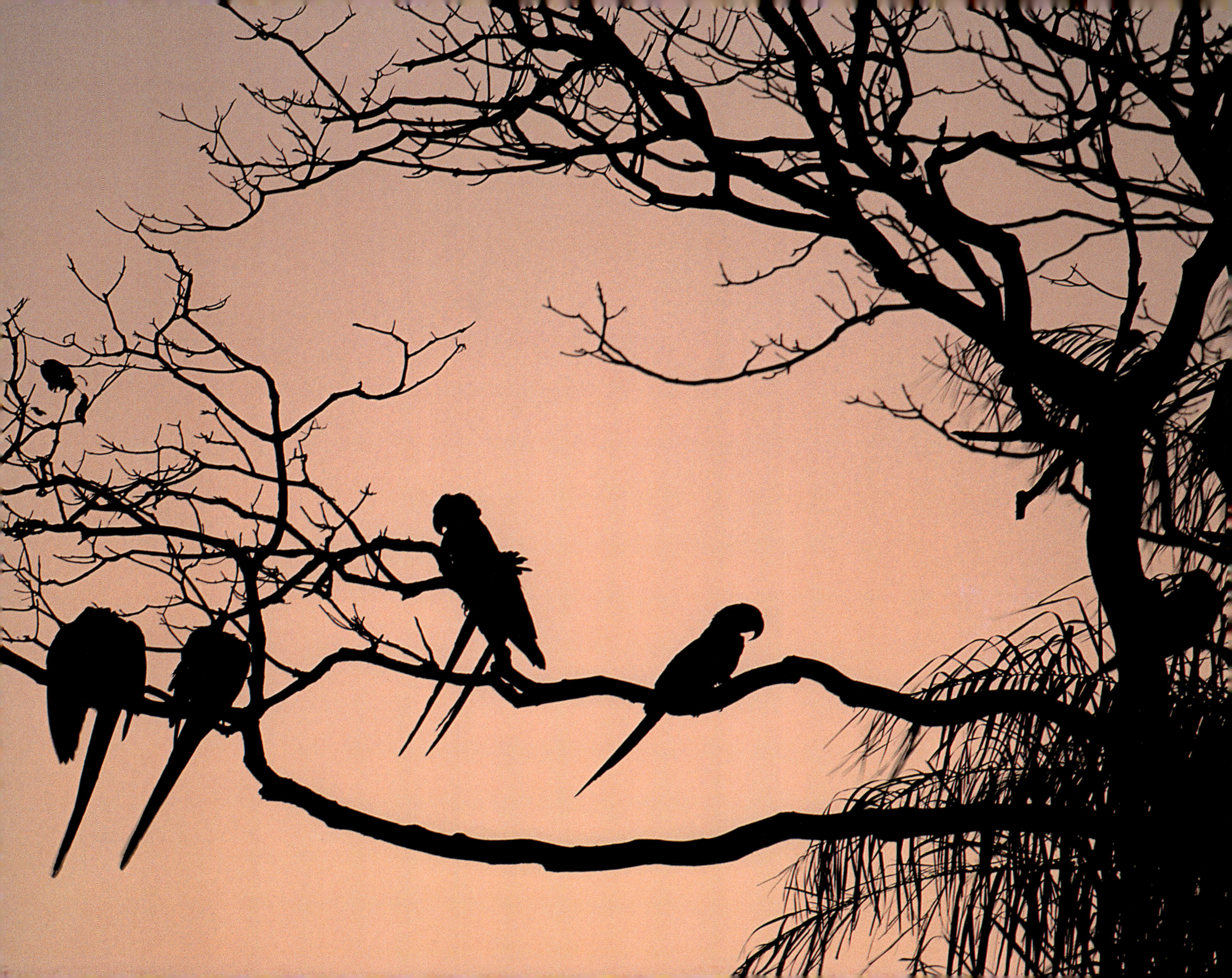

Die Zeitlosen

Die Galápagos-Riesenschildkröten sind wohl die berühmtesten, dank Charles Darwin. Er hatte durch sie (und die Galápagos-Finken) den Anstoß zu seiner Theorie von der Entstehung der Arten bekommen, die bekanntlich unser Weltbild nicht wenig erschüttert hat. Während der Mensch vielen anderen Reptilien – wie etwa den Schlangen – oft skeptisch bis ablehnend gegenübersteht, ist er den Schildkröten wohlgesinnt. Daher findet man viele Land- und Wasserschildkröten in Aquarien, Terrarien, in Vorgärten und als eine Art Haustier. Das wird sicher mit der Elefantenschildkröte (auch Galápagos-Riesenschildkröte genannt) nicht passieren. Sie lebt in mehreren Unterarten auf den Galápagosinseln und wurde früher in unvorstellbaren Mengen abgeschlachtet, um den Walfängern und Seeräubern an Land als Proviant zu dienen, oder lebend in den Schiffen gestapelt um die Besatzungen mit Frischfleisch zu versorgen. Viele Inseln aus dem Archipel sind von Trampelpfaden der großen Schildkröten (ca. 60 bis 70 cm hoch, der Panzer ist in der Regel bis zu 1 m lang) durchzogen, die diese immer wieder benutzen um von den warmen Lavaböden in Meereshöhe der Inseln in die vulkanischen Hochlagen zu wandern, wo sie Wasser und Nahrung finden.

2,8/24 mm, Kodachrome-64.

Die meisten dieser Aufnahmen stammen von Isabela Island, der größten der rund 55 Galápagos-Inseln. Wer in Charles Darwins Fußstapfen treten möchte, kann diese am Äquator liegenden Inseln (die zu Ecuador gehören) von Quito aus mit dem Flugzeug erreichen.

Auf dem Kraterrand des Vulkan Alcedo auf der Insel Isabela im Galápagos-Archipel.

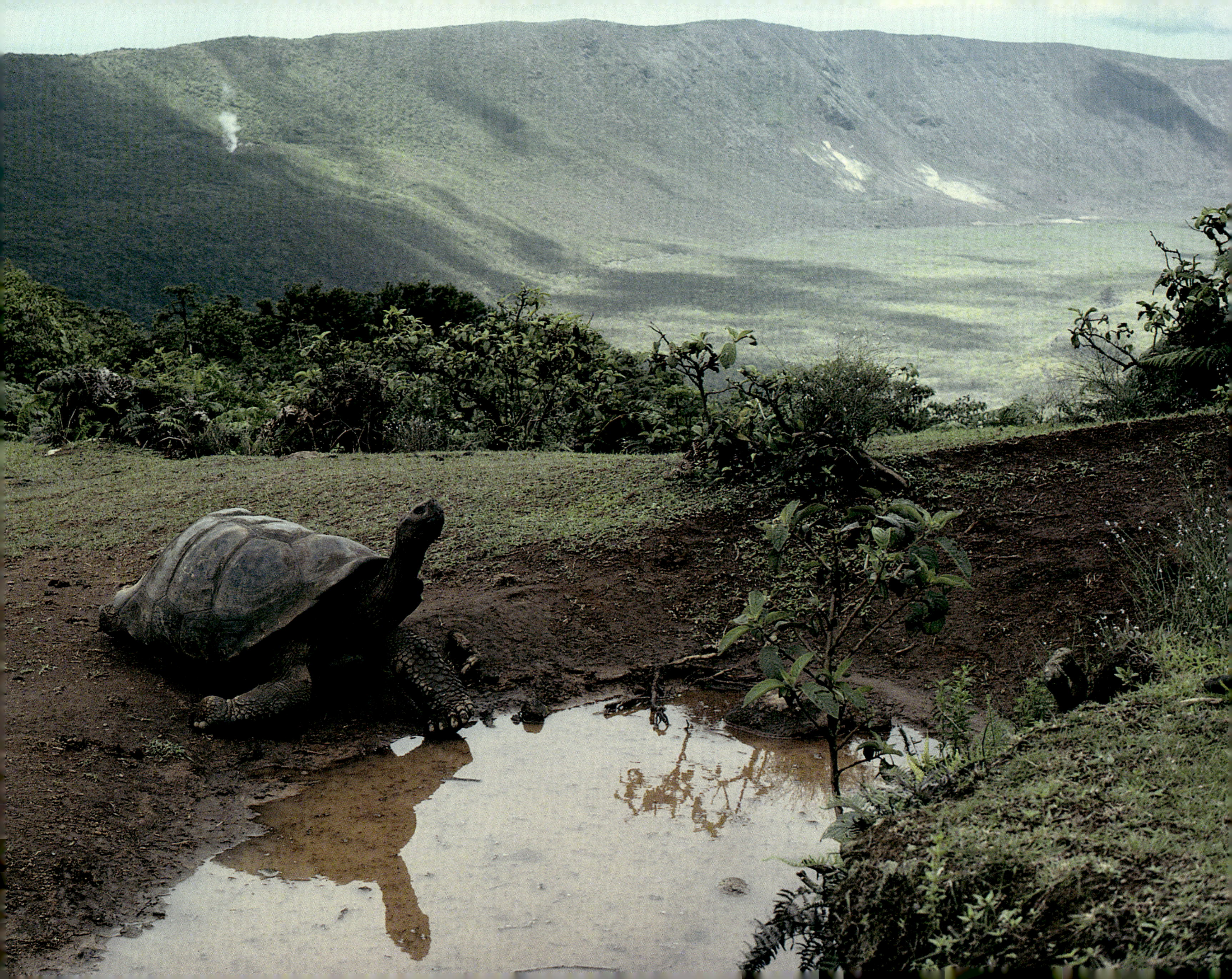

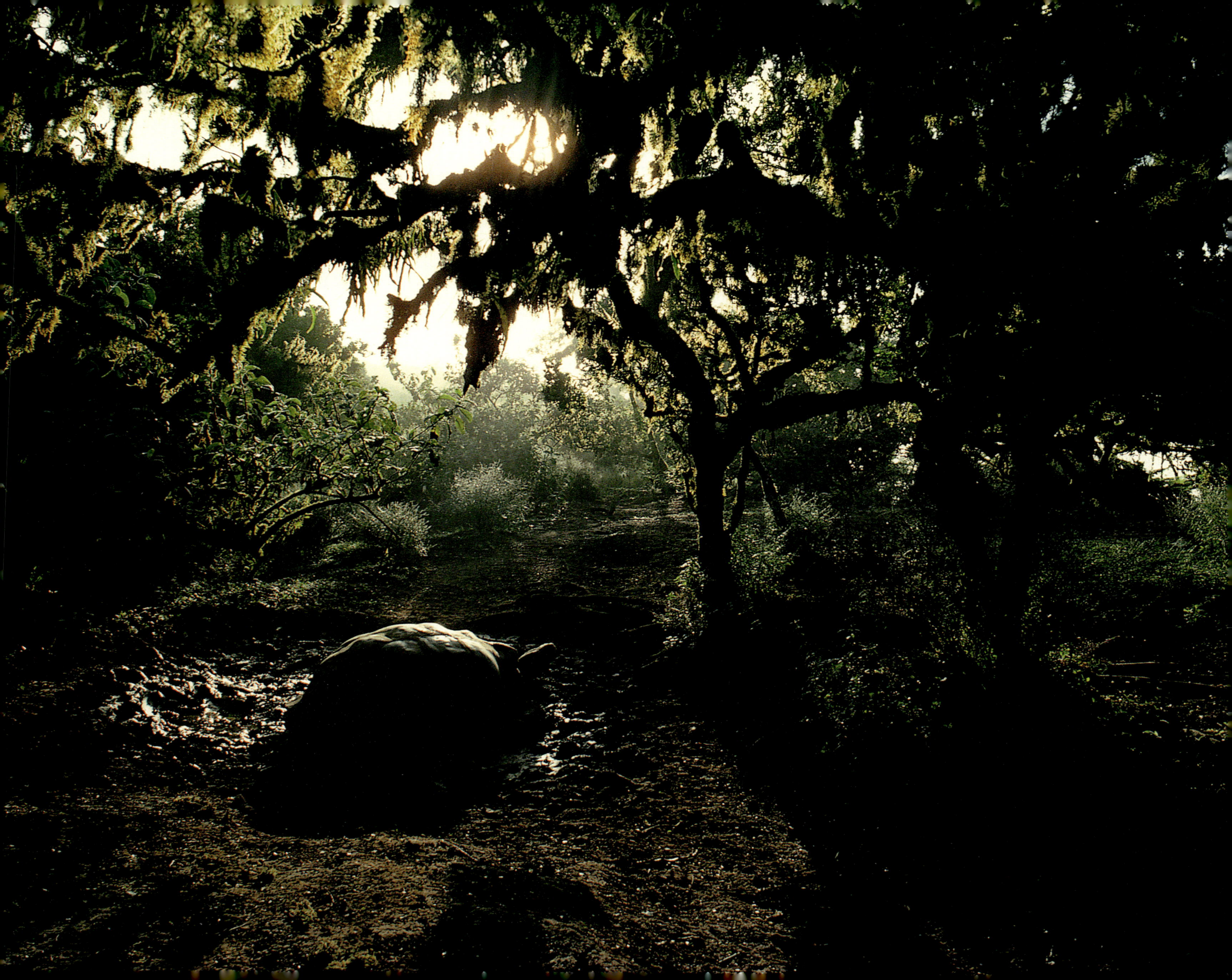

Friedliche Koexistenz

Der Vulkan Alcedo auf der Galápagosinsel Isabela beherbergt wohl an die 3.000 Elefantenschildkröten, denen man auf Schritt und Tritt begegnet. Egal ob man an den Außenhängen des Vulkans herumklettert, auf dem Kraterrand oder dem Kraterboden – überall trifft man auf sie oder ihre Spuren.

Ein besonders interessantes Schauspiel der Natur kann man hier sehen, das ich noch nirgendwo sonst beobachtet habe: Die Galápagos-Bussarde am Vulkan Alcedo sind besonders neugierig. Vielleicht weil pro Jahr nicht mehr als ein paar Dutzend Menschen diesen Vulkan besteigen. Ich zeltete einmal mit einem Freund zusammen zehn Tage auf diesem Vulkan und dann saßen manchmal bis zu fünf Galápagos-Bussarde in den Sträuchern um unser Zelt, wahrscheinlich nur deshalb, weil es gelb war und ungewöhnlich für diesen Ort. Auch wenn man am Kraterrand entlang wandert, wird man immer wieder von Bussarden angeflogen, und wenn kein Baum in der Nähe ist, landen sie eben auf einer Schildkröte.

Allerdings sind es immer junge, zwar voll flugfähige, aber noch nicht geschlechtsreife Bussarde, die dieses Spiel treiben. Wenn sie älter werden, verlieren sie anscheinend ihre Neugierde und sind nicht mehr an diesen komischen Wesen interessiert, die da oben auf dem Vulkan zelten.

Die Riesenschildkröten halten sich gerne in solchen kleinen Schlammlöchern auf.

Ein junger Galápagos-Bussard landet auf dem Rücken einer Elefantenschildkröte, auf dem Rand des Kraters Alcedo.

Seite 42: 2,8/100 mm, Kodachrome-64.

Junge Galápagos-Bussarde benutzen auf dem Vulkan Alcedo gerne die Panzer der Elefantenschildkröten als Aussichtswarte.

4,0/200 mm, Kodachrome-64.

Die Faltigen

Landleguane und Meerechsen gehören ebenfalls zu den endemischen Tierarten der Galápagosinseln. Das Bild unten auf dieser Seite zeigt einen Landleguan, der eben von einem Darwin-Fink geputzt wird. Deshalb richtet sich der Leguan so auf, damit der Fink alle Hautfalten nach Parasiten absuchen kann. Das andere Bild zeigt eine Meerechse, die als einzige Echsenart ihre Nahrung unter Wasser sucht. Die Meerechsen der Insel Hood sind rötlich gezeichnet und unterscheiden sich dadurch von Exemplaren der anderen Inseln.

4,0/200 mm, Kodachrome-64.

Auf der Insel Fernandina aus der Gruppe der Galápagosinseln kann man direkt neben dem Landesteg für die Boote diese großen Gruppen von Meerechsen beobachten. Es sieht so aus, als schauten sie interessiert alle in eine Richtung. In Wirklichkeit sitzen sie aber so gegen die Sonne, weil sie dann der Hitze die geringste Angriffsfläche bieten.

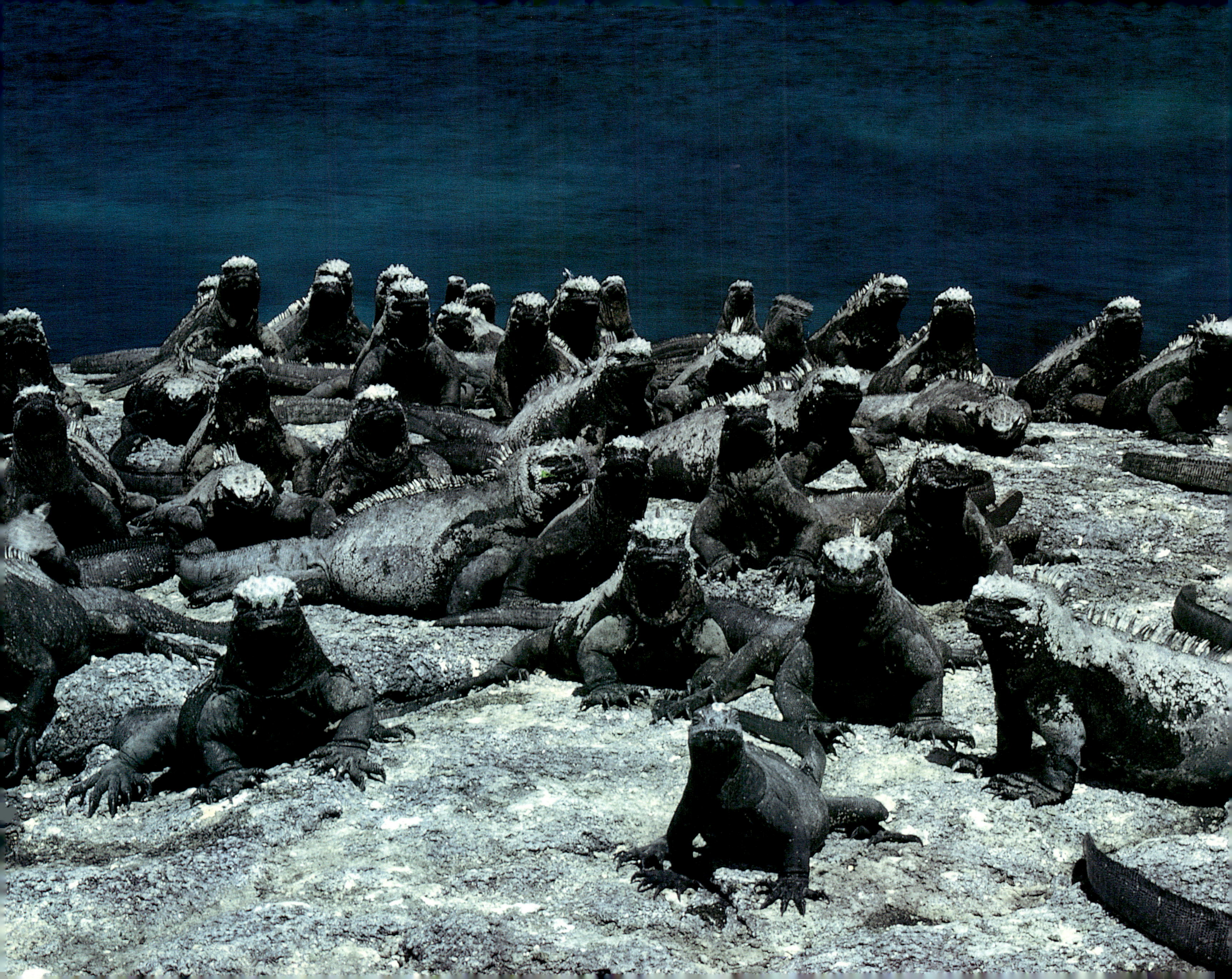

Die Insulaner

Zwei Meeresbewohner, Fregattvögel und Seelöwen, die zu den typischen Tieren dieses Archipels gehören und die man überall antrifft. Die Seelöwen haben gelernt zu surfen, und am Landeplatz für Boote auf der Insel Hood kann man sie bei entsprechendem Wellengang oft in Gruppen surfen sehen. Sie schwimmen der Welle entgegen und lassen sich dann mit offensichtlicher Freude am Spiel von ihr über weite Strecken in rasender Fahrt am Ufer entlangtragen.

4,0/200 mm,
Kodachrome-64.

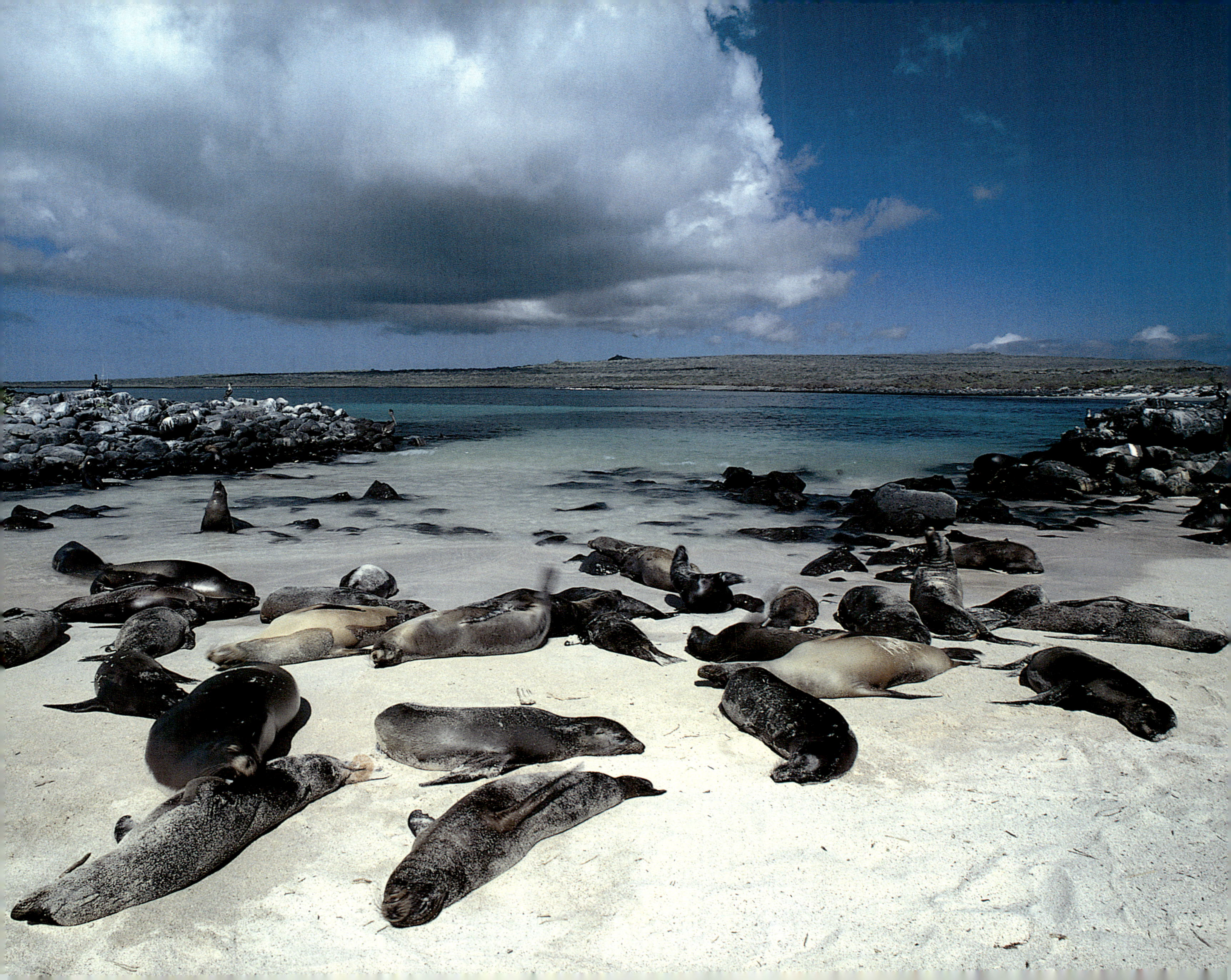

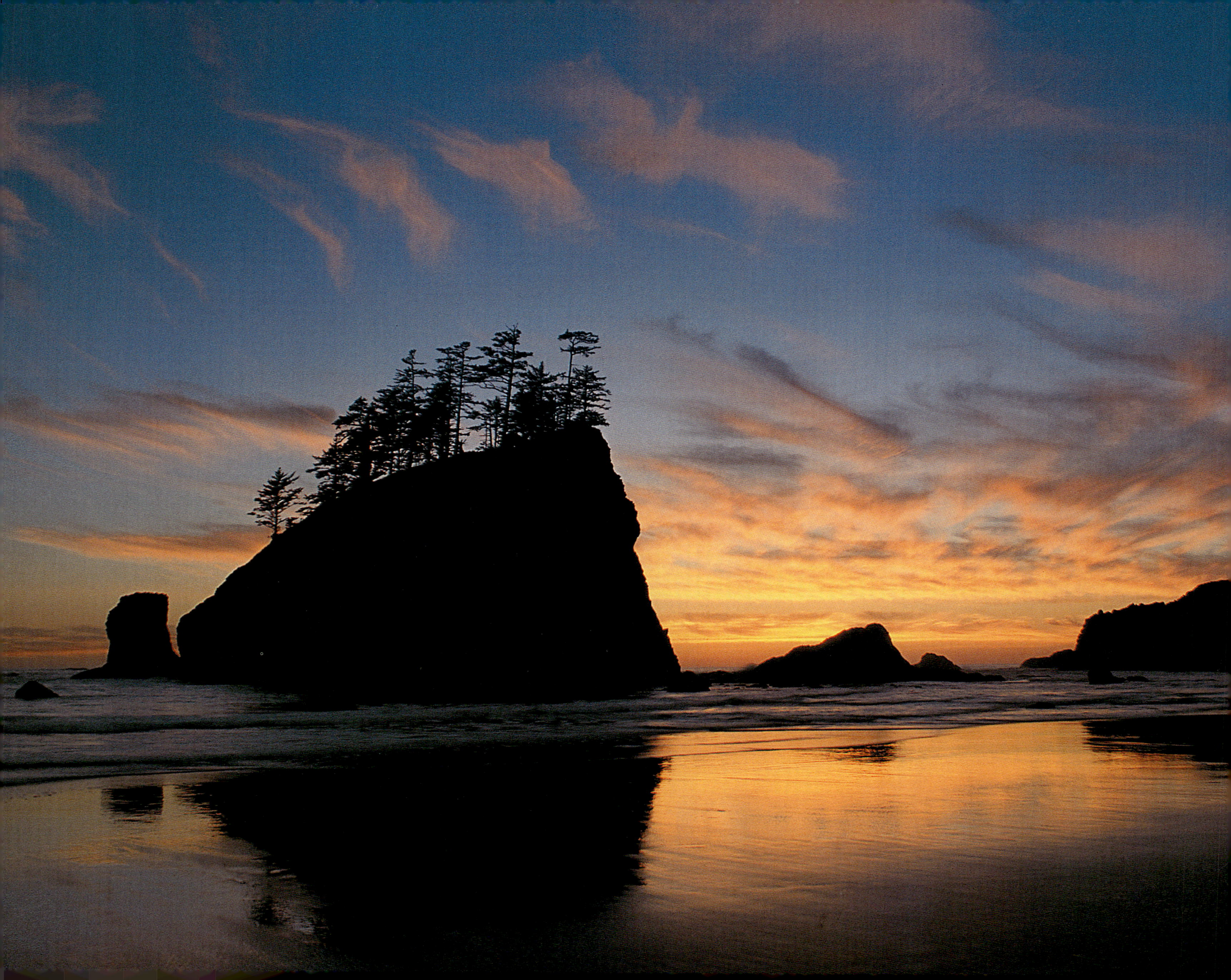

Nordamerika

Die anderen Einheimischen Floridas

Alligatoren trifft man im südlichen Florida überall an – in jedem Wassertümpel. Sie sind hier überhaupt nichts Besonderes und auch nichts besonders Attraktives. Man sieht meistens nur ihren Kopf irgendwo zwischen Blättern und Ästen im Schlamm hervorschauen oder sie liegen tagsüber träge am Ufer, weil sie mehr nachtaktiv sind.

Naples, Florida, liegt am Golf von Mexiko. Die Tierfotografen-Mekkas Sanibel, Cape Coral, Captiva Island sowie insbesondere Marco Island sind alle von hier aus gut erreichbar.

Und wieso sind die Touristen, die man in Florida trifft, unglaublich fasziniert von diesen Echsen? Nun, immer wieder liest man in den amerikanischen Nachrichten eine Meldung, dass man einen Alligator aus dem Swimmingpool gefischt hat, dass einer in der Kanalisation entdeckt wurde, in der Badewanne oder auf dem Golfplatz. Diese Meldungen und sein gefährliches Aussehen machen wohl die Faszination aus.

Dabei ist der Alligator im Prinzip harmlos. Es verunglücken in Florida mehr Hausfrauen tödlich, weil sie in der Küche beim Fensterputzen von der Leiter gefallen sind, als durch Angriffe von Alligatoren.

Interessant sind die kleinen Alligatoren, die im Wasser oder im seichten Uferbezirk oft wie Schlangen aussehen. Manchmal klettern sie sogar auf die Rücken von kleinen Schildkröten. Sie müssen außerdem sehr vorsichtig sein, um nicht von großen Alligatoren gefressen zu werden. Daher sieht man meistens nur ausgewachsene Alligatoren in Floridas Flüssen und Seen oder ganz kleine, die von ihrer Mutter bewacht werden.

In der Zeit dazwischen, wenn sie nicht mehr an Mutters Rockzipfel hängen, aber auch noch nicht groß genug sind um sich selber verteidigen zu können, sieht man sie nur selten. Da führen sie ein verstecktes Leben, möglichst da, wo es keine ausgewachsenen Alligatoren gibt.

5,6/600 mm, Kodachrome-64, Stativ.

Vorherige Seiten: Links ein Sonnenuntergang im Olympic National Park, Bundesstaat Washington, USA. Rechts der Mount Rainier National Park, ebenfalls in Washington.

53

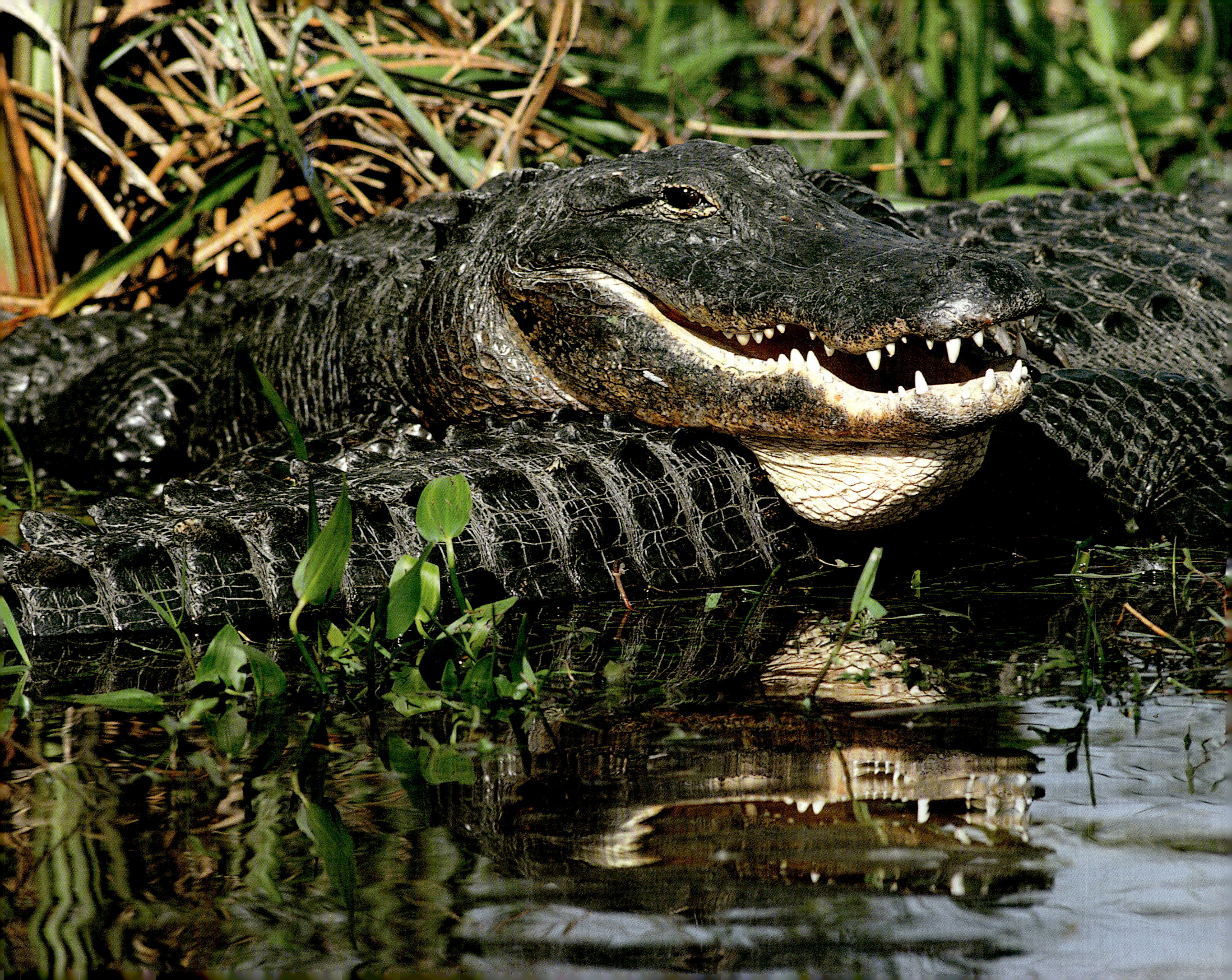

Links: 5,6/600 mm, Kodachrome-64, Stativ.

unten: 4,0/80-200 mm, Sensia-100, Stativ.
rechts: 4,0/300 mm, Kodachrome-64, Stativ.

Ein Alligator im Audubon Corkscrew Swamp Wildlife Sanctuary bei Naples, Florida.

Notizen aus Florida

Fotografisch betrachtet ist es sehr schwierig, den Alligator angemessen abzulichten. Man muss warten und geduldig suchen, um eine adäquate Situation zu finden. Das Bild auf Seite 53 ist der Traum eines jeden Naturfotografen und versinnbildlicht ideal die dunkle und drohende Seite dieses Tieres. So im schwarzen Wasser liegend, dunkel, drohend und geheimnisvoll ist er ein faszinierendes Relikt aus den Urzeiten der Evolution.

Ebenfalls in Florida zu Hause sind jede Menge Wasserschlangen. Dieses Knäuel fand ich im Everglades Nationalpark, am Anhinga Trail direkt neben dem Weg. Viele Parkbesucher waren schon vorbeigegangen und hatten die perfekt getarnten Tiere überhaupt nicht gesehen.

Der Einsame

»Es gibt in Nordamerika keine Krokodile, sondern nur Alligatoren.« Das ist die gängige Meinung, und die ist nicht ganz richtig.

In Florida alleine gibt es heute wieder über 1 Million Alligatoren, und daher ist ihr strenger Schutz eigentlich unnötig. Wichtig ist er allerdings für die 600 Krokodile, die es in Südflorida gibt, und die – ohne die Schutzbestimmungen für Alligatoren – abgeschossen würden, weil kaum jemand die Krokodile von den Alligatoren unterscheiden kann. Eines dieser wenigen Spitzkrokodile hat sich auf der Insel Sanibel im J.N. »Ding« Darling Wildlife-Reservat einquartiert. 99% der unzähligen Besucher merken nicht, dass sie ein Spitzkrokodil vor sich haben, sondern glauben einen ganz normalen Alligator zu sehen.

Weil die Ranger im Reservat ein Krokodil für zu gefährlich hielten und Übergriffe auf die Besucher fürchteten, haben sie dieses 150 km weit umquartiert. Zwei Wochen später war es wieder da. Dies ist das einzige Spitzkrokodil in ganz Nordamerika in Freiheit, das man leicht und regelmäßig sehen kann. Alle anderen 599 leben in der Salzwasserzone vor der Küste des Everglades Nationalparks und sind höchstens mal in der Flamingo Area des Nationalparks zu sehen.

links: 4,0/500 mm, Sensia-100, Stativ.
rechts: 4,0/500 mm, 2x Konverter, Sensia-100, Stativ.

Spitzkrokodil auf der Insel Sanibel, Florida.

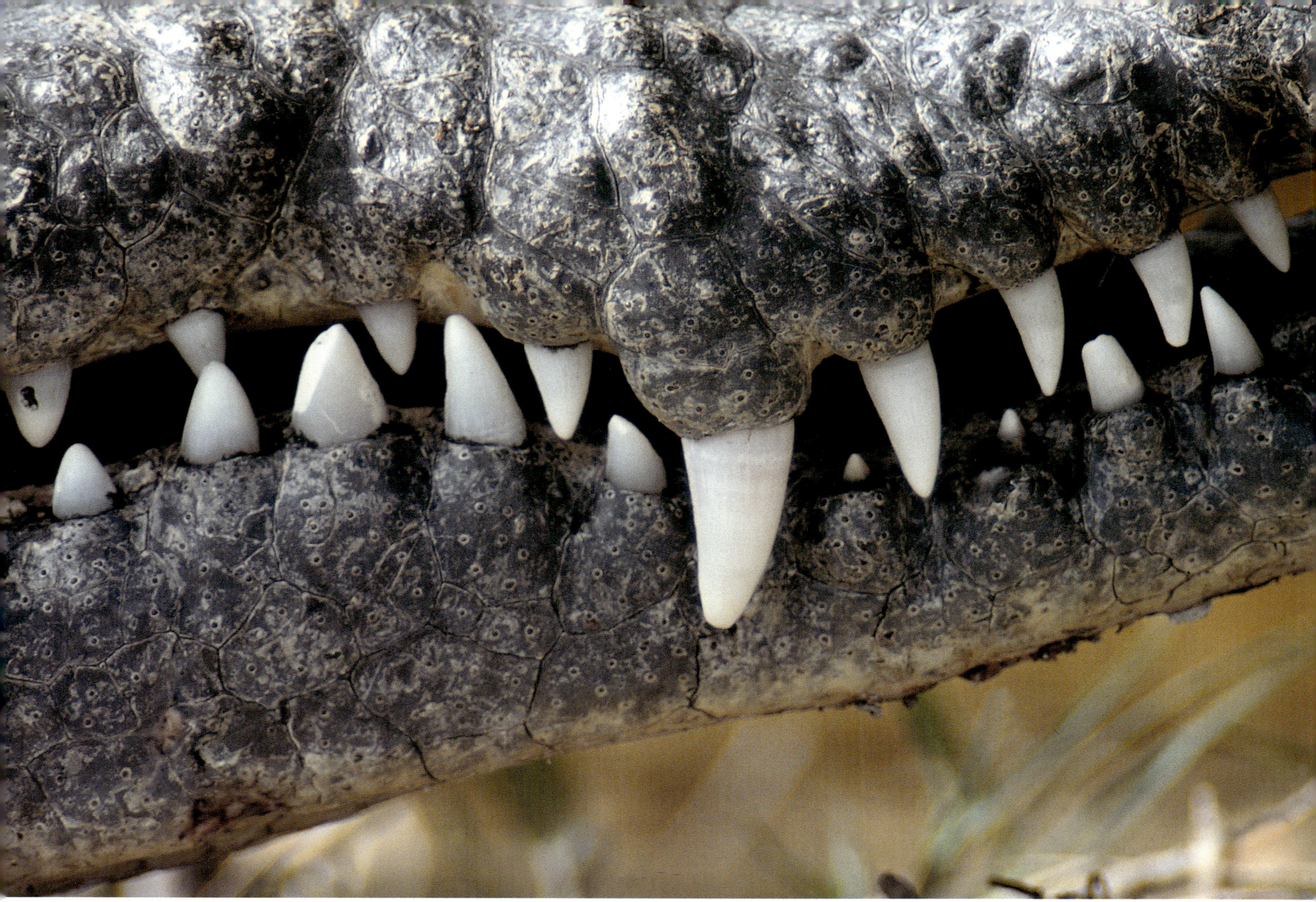

Geduld ist alles

Der Streifenkauz ist eine große Eule, die in den entsprechenden Biotopen Floridas nicht selten anzutreffen ist. Sie ist auch nicht besonders scheu, aber schwierig tagsüber zu fotografieren, weil sie meistens regungslos an einen Ast geschmiegt sitzt und kaum zu sehen ist.

Dem Tierfotografen kommt es darauf an, für seine Aufnahmen besonders kooperative Individuen zu finden, denn je weniger er vom Tier beachtet wird, je besser und natürlicher werden die Fotos. Ein besonders günstiger Platz um diese große Eule zu beobachten und zu fotografieren ist das Audubon Corkscrew Swamp Sanctuary in der Nähe von Naples in Südflorida. Durch dieses Sumpfgebiet führt ein Holzsteg von etwa 3 km Länge, über den pro Jahr viele Tausend Besucher wandern. Die Eulen sind also an die Anwesenheit von Menschen gewohnt und landen manchmal zwei bis drei Meter vor ihnen auf dem Holzgeländer.

diese Seite: 4,0/100-300 mm, Sensia-100, Stativ.
nächste Seite: 4,0/600 mm, Sensia-100, Stativ.

Ansitzjagd früh am Morgen.

Notizen aus Florida

Dieses Exemplar traf ich zu einer besonders günstigen Zeit: Der Wasserstand war extrem niedrig und die Fische versammelten sich in großer Zahl in den letzten, verbliebenen Tümpeln. Dieser Streifenkauz hatte sich für eine ganze lange Woche an einem Tümpel niedergelassen und fischte da jeden Morgen. Also war ich auch jeden Morgen da um ihn auf seiner Ansitzjagd und bei seinen Sonnenbädern zu fotografieren. Hier sieht man, wie diese Eule einen erbeuteten Fisch verzehrt.

Freundlich und nachtaktiv

Kaninchenkäuze findet man auf sandigen Böden in Südflorida, wo sie nachts kleine Beutetiere jagen und tagsüber dösend vor ihren Bauten stehen. Das sind in den Rasen gegrabene oder von Kaninchen übernommene Brutröhren, oft mit einem kleinen Erdhügel davor, der von den Tieren selbst gebaut wurde. Darauf stehen sie nun, klein, wichtig und sich imposant in Szene setzend, während sie mit ihren großen Augen und dem kleinen Körper niedlich dreinblicken.

Das gefällt den Menschen, die hier leben, und darum helfen und schützen sie diese Tiere in ihrer Nachbarschaft. Man zieht rot-weiße Bänder um ihre Erdbauten, wie um eine Baustelle oder eine abgesperrte Unfallstelle; man bringt Schilder an und stellt ihnen auf die bewuchslosen Rasenflächen etwa ein Meter hohe Ansitzstangen, damit es die kleinen Eulen bequem haben. Überhaupt steht alles in der Nähe, was ihnen den Biotop komfortabel macht, damit sie bleiben. Die Erdbauten sind oft nicht weiter als zwei bis drei Meter vom Straßenrand entfernt.

diese Seite: 4,0/300 mm, Sensia-100, Stativ.
nächste Seite: 4,0/600 mm, Sensia-100, Stativ.

Kaninchenkauz vor seinem Erdbau. Cape Coral, Florida.

Immer in Bewegung

Flussottern lieben (und brauchen) klare, saubere Gewässer mit Fischen. Weil es diese immer weniger gibt, werden die Flussotter immer seltener. In Florida sind sie noch recht häufig, aber in der großräumigen Landschaft schwer zu finden. Die größten Chancen hat man, wenn der Wasserspiegel sinkt, denn dann konzentrieren sie sich zwangsläufig auf die verbliebenen Wasserwege und Stellen. Sie sind hier nicht scheu, aber schwierig zu fotografieren, weil sie immer in Bewegung sind. Man braucht kurze Verschlusszeiten um sie scharf abbilden zu können und daher einen hochempfindlichen Film. Da die Flüsse, Bäche und Teiche oft im Schatten unter Bäumen sind, hat man sehr zu kämpfen, um die notwendigen Verschlusszeiten von 1/500 Sek. oder besser 1/1.000 Sek. zu erzielen. Einen hochempfindlichen Film zu nehmen ginge auf Kosten der Schärfe.

Notizen aus Florida

Überraschende Erlebnisse erwartet man als Naturfotograf eigentlich in den unberührten Winkeln der Erde, etwa in der Antarktis oder der Mongolei, aber nicht in Florida. Trotzdem hatte ich hier eines meiner überraschendsten und unglaublichsten Erlebnisse in vielen Jahren Naturfotografie: Ich saß im Everglades Nationalpark und fotografierte Schildkröten, die auf einem Baumstamm im Wasser saßen und sich sonnten. Dann kam plötzlich eine Otterfamilie angeschwommen, einer der Otter kletterte auf den Stamm und lief zu der Schildkröte hin und stupste sie ins Wasser.

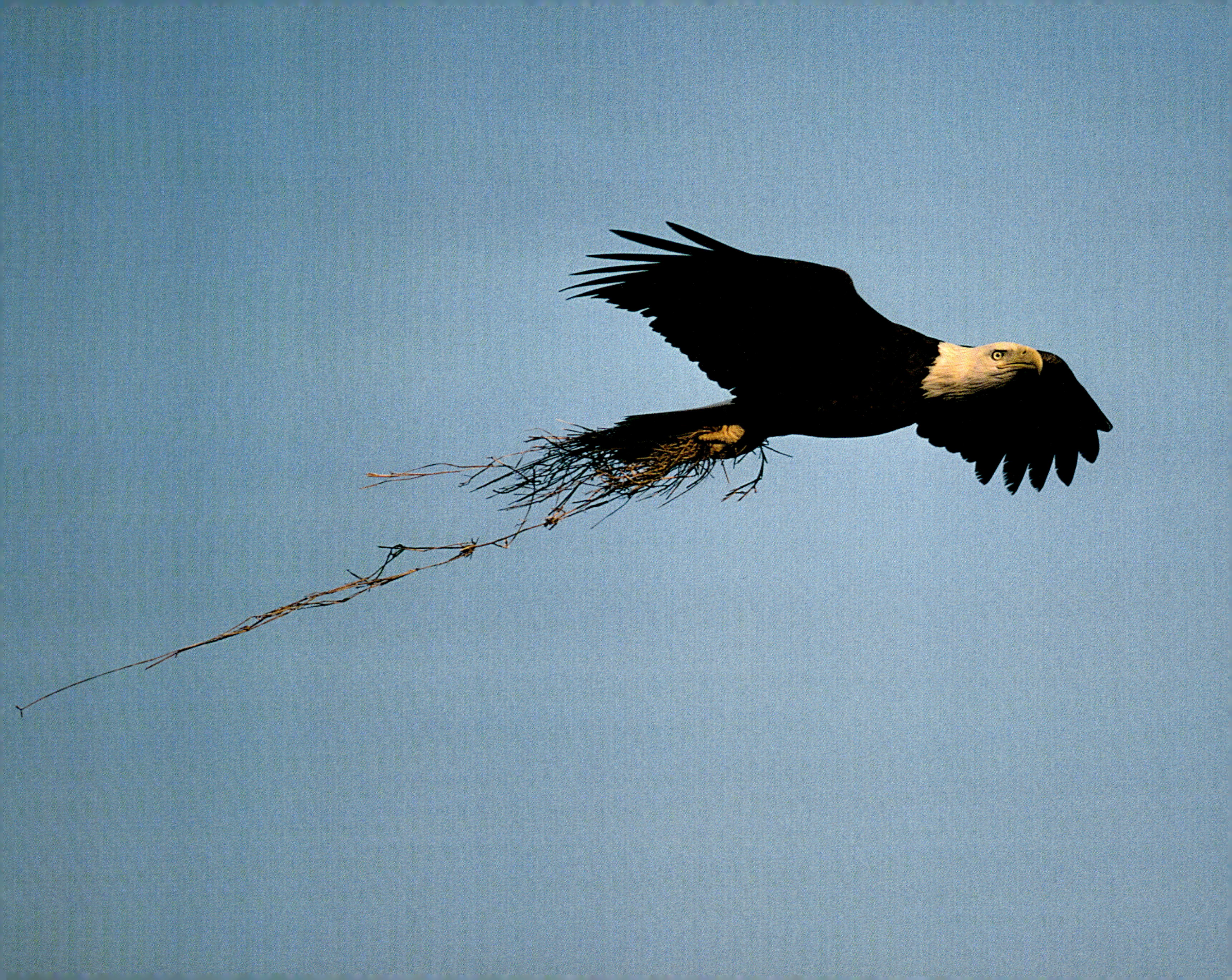

Adlerblick

Der Weißkopfseeadler gehörte vor etwa 30 Jahren noch zu den extrem gefährdeten Tierarten. Der Einfluss des Insektengifts DDT ließ in der Brutzeit die Schalen der Eier in den Gelegen bei vielen Greifvögeln hauchdünn werden, so dass sie fast alle zerbrachen und die Reproduktionsrate der Vögel sich gegen null bewegte.

Das weltweite Verbot von DDT zeigte bald schon eine positive Wirkung und 1999 konnte man den Weißkopfseeadler von der Liste der gefährdeten Arten erfreulicherweise wieder streichen.

Während in Deutschland der Seeadler extrem scheu und empfindlich gegen Störungen ist, hat sich der Weißkopfseeadler im Süden der USA den Menschen schon fast in einer Weise angeschlossen, die an unseren Weißstorch erinnert. Er brütet zwar noch nicht direkt auf den Dächern der Häuser, aber viele Nester stehen auf relativ niedrigen Bäumen, oft nur zehn Meter vom nächsten Haus entfernt. In den USA stehen die Horste auch oft auf Bäumen direkt neben Straßen und dann ist es relativ einfach, sie vom Straßenrand aus zu fotografieren (siehe auch das Bild auf der Seite 168).

Eines morgens stand ich auf der Insel Marco in Südflorida am Straßenrand, und die beiden Altvögel am Nest beachteten mich – wie immer – überhaupt nicht. Aber plötzlich kam einer der beiden direkt aus dem Nest auf mich zugeflogen, ganz niedrig, so als wollte er mich angreifen, weil er sich durch mich gestört fühle. Ich duckte mich unwillkürlich, als er niedrig und schnell knapp über meinen Kopf hinwegflog. Dann drehte ich mich um und sah den wirklichen Grund für seine Erregung: 20 Meter hinter mir lief eine Katze über den Rasen, und die wollte er wohl eher verjagen als erbeuten. Das ist schön, wenn man als Naturfotograf von den Tieren so akzeptiert, toleriert oder noch besser überhaupt nicht beachtet wird.

So sympathisch mir diese Vogelart (übrigens der Wappenvogel der USA) auch ist: es macht mehr Spaß Fischadler zu fotografieren (siehe Seite 78). Die Fischadler kommen nämlich meistens häufiger zum Nest und haben auch meistens fotogenere Beute.

links: 4,0/300 mm, Kodachrome-64.
rechts: 4,0/500 mm, Kodachrome-64, Stativ.

Der Weißkopfseeadler bringt Nistmaterial.

Die Eltern mit ihrem Jungvogel am Nest auf Marco Island.

Jagd unter Wasser

Der Schlangenhalsvogel ist von der Jagdtechnik her ein Reiher. Wie diese lässt er seinen Hals vorschnellen um seine Fischbeute zu schnappen oder aufzuspießen. Nur jagt er unter Wasser, statt wie ein Reiher am und im Wasser stehend geduldig zu warten. Eine ungewöhnliche Eigenschaft hat er: Wenn er einen Fisch gefangen hat, wirft er ihn in die Luft, um ihn dann »fressgerecht« wieder aufzufangen. Oft sieht man ihn auf Ästen in Ufernähe sitzen, wie er mit ausgebreiteten Schwingen die Flügel trocknet. Er ist in Florida praktisch ein Allerweltsvogel.

oben: 4,0/500 mm mit 2x Konverter. Sensia-100, Stativ. Sanibel, Florida.
rechts: 5,6/600 mm, Kodachrome-64, Stativ. Everglades Nationalpark.

Links: Diese prächtige Kopffärbung hat er zur Brutzeit.

Schlangenhalsvogel mit Beute.

Viel besser als Fernsehen

4,0/500 mm, Sensia-100, Stativ.

Der Great Blue Heron ist die amerikanische Ausgabe unseres Graureihers und heißt naturkundlich korrekt bezeichnet bei uns Kanadareiher.
Wenn Sie einmal in Südflorida Urlaub machen, über die Interstate 75 fahren und in der Nähe von Venice vorbeikommen, dann sollten Sie die Ausfahrt »Exit 34« nehmen, den Jacaranca Boulevard herunterfahren, dann rechts auf den alten Highway 41 und nach 50 bis 100 Meter sofort links abbiegen, den Highway überqueren und gegenüber in die kleine Straße hineinfahren. Nach wenigen hundert Metern kommen Sie an einen kleinen Stadtteich mit einer kleinen Insel in der Mitte. Auf den Bäumen und Sträuchern dieser Insel brüten Kanadareiher, Silberreiher und Schlangenhalsvögel. Vom Ufer aus – in 20 bis 30 Meter Entfernung – können Sie die Balzspiele und das ganze aufregende Leben in einer Brutkolonie großer Vögel beobachten. Ich verspreche Ihnen: Es ist besser, viel besser als Fernsehen.
Egal ob Sie im November, Dezember oder erst im März oder April kommen – es ist immer etwas los. Ich kenne keinen anderen Platz, wo man so intim Vogelleben in all seinen Facetten beobachten kann. Allerdings werden Sie nicht alleine sein. Je nach Jahreszeit und Wetter stehen hier 5 bis 30 andere, mit Teleobjektiven bewaffnete Menschen, die mit Ihnen dieses Schauspiel erleben möchten. Nur bei sehr bedecktem Himmel oder Regen werden Sie – fast – alleine sein. Wie es an der Reiherkolonie in Venice aussieht, können Sie auf einem Übersichtsbild auf der Seite 169 sehen.

Kanadareiher bringt Nistmaterial.

Die Grazilen

Silberreiher sind die beliebtesten Reiher, wegen ihres Eindrucks von Eleganz, Würde und Grazie. In Südflorida kann man sie zur Winterzeit oft in großen Ansammlungen von dutzenden und hunderten antreffen. Es liegt am Wasserstand: Wenn er hoch ist, verteilen sich die Vögel über große Flächen. Wenn er niedrig ist, konzentrieren sie sich.

Hier hat ein Silberreiher einen schönen, großen Katzenfisch erbeutet.

oben: 4,0/600 mm, Sensia-100, Stativ.
rechts: 4,0/80-200 mm, Velvia-50, Stativ.
Everglades National Park, Florida.

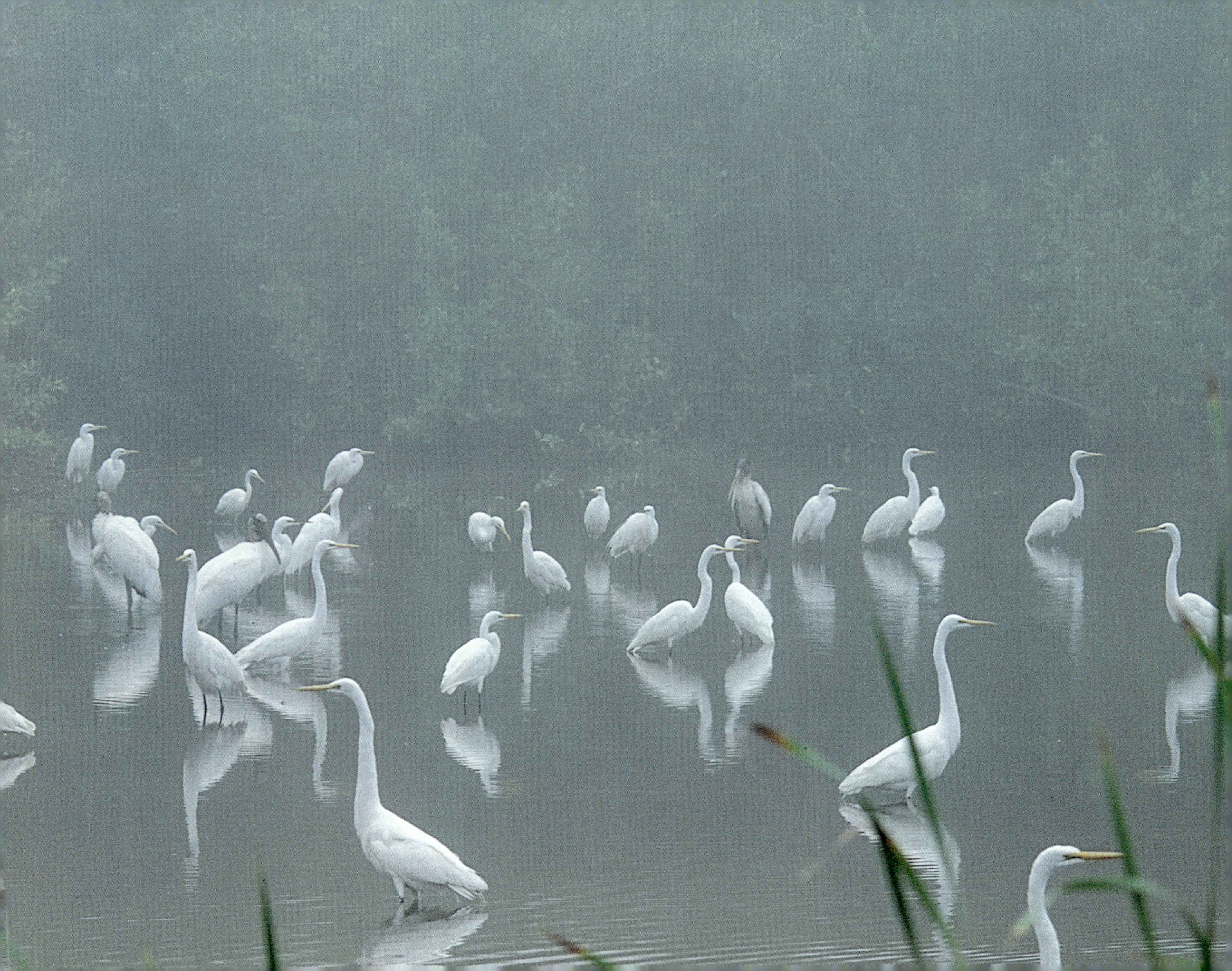

Ein Silberreiher putzt sein Gefieder.

In einem Januar, als diese Bilder entstanden, waren hunderte von Silberreihern im Audubon Corkscrew Swamp Wildlife Sanctuary anzutreffen, die einen Katzenfisch nach dem anderen bei dem extrem niedrigen Wasserstand herauszogen. Im nächsten Jahr sah ich an der gleichen Stelle nur einen oder mal zwei Silberreiher. Zur rechten Zeit am rechten Ort zu sein, ist »die halbe Miete« und oft auch das Geheimnis guter Tieraufnahmen.

Dass die kleine Schildkröte sich nicht wohl fühlt in der Anwesenheit des Reihers, sieht man an den eingezogenen Beinen.

4,0/600 mm, Sensia-100, Stativ.

Das Fotografen-Paradies

Braunbären kann man nirgendwo auf der Welt so gut und entspannt fotografieren wie am McNeil River in Alaska. Schon seit Jahrzehnten gibt es an dieser Stromschnelle eine ebenerdige Plattform für zehn Fotografen, die zur Lachszeit von früh am Morgen bis spät am Abend dort stehen und auf fotogene Situationen warten. Die Bären haben sich daran gewöhnt und sind auch nicht an ihnen interessiert, denn es gibt leckere Lachse in Hülle und Fülle! Wer wird da zähes, mittelalterliches Menschenfleisch zu sich nehmen.

5,6/400 mm, Agfa CT-18.

Braunbären fischen in den Stromschnellen des McNeil River in Alaska.

Auch wenn die Texaner es nicht wahrhaben wollen: Alaska ist der größte Staat der USA. Der McNeil River ist am Besten per Wasserflugzeug aus der Stadt Homer zu erreichen.

69

Es ist schon ein etwas komisches Gefühl, wenn ausgewachsene Braunbären nur 3 bis 4 Meter entfernt an einem vorbeiwandern. Sie wirken auf einmal noch größer. Man kann hier Mütter mit Kindern fotografieren, Junggesellen, große Einzelgänger, rennende, springende, tauchende, streitende, spielende Bären – alles was das Herz begehrt. Es gibt nur ein kleines Problem: Es dürfen nur zehn Personen pro Tag hier stehen, aber es möchten 50. Daher gibt es in jedem Winter eine Lotterie, bei der jedes Jahr aufs Neue viele Naturfotografen versuchen hier einen Platz im Sommer zu ergattern. Von den etwa 1.800, die sich melden, gewinnen nur 200 einen Platz. Man hat also in der Theorie alle neun Jahre eine Chance!

Die Bärenbilder auf Seite 69 sind über 20 Jahre alt, mit einem alten Objektiv aus der Hand auf Agfa CT-18 gemacht. Da sieht man schön die qualitative Entwicklung in fast einem Vierteljahrhundert, materialmäßig und handwerklich!

Zeltlager am McNeil, im Herzen des Bärenlandes.

3,5/400 mm mit 1,4x Konverter, Sensia-100, Stativ.

Ein Blick von der ebenerdigen Plattform am McNeil auf die Bären in ihren Jagdgründen.

Bären im Katmai Nationalpark, im Gebiet des Brooks River.

So stehen die Braunbären oft lange Zeit im kalten Wasser des McNeil und warten auf Beute.

Spuren im Wald

Braunbären führen ein geheimes zweites Leben. Alle Bilder, die man von ihnen sieht, zeigen sie uns an einem Fluss stehend und nach Lachsen fischend oder in der offenen Tundra, möglichst in der schönen Herbstfärbung und mit dem Mount McKinley im Hintergrund. Vom geheimen Leben der Bären im Wald sieht man nichts. Aber an den Spuren kann man es nachvollziehen: Durch die Wälder Alaskas führen richtige Bärenstraßen, ausgetretene Pfade, die von Unterholz und Zweigen befreit sind und ganz bequem zu benutzen sind – auch für Menschen. Diese trauen sich aber nicht, denn hier auf dem weichen Moospolster hört man keinen Schritt eines folgenden oder entgegenkommenden Bären, und wie hier ein überrachtes Tier reagiert, ist nicht vorherzusehen. Auch findet man im Wald häufig Schlafplätze der Braunbären. Es sind natürliche Vertiefungen im Waldboden, die durch den langen Gebrauch ideal angepasst wurden und wo Bären manchmal auch tagsüber ruhen.

Wenn man plötzlich kommt, und vor sich einen schlafenden Braunbären entdeckt, dann ist das nicht so lustig. Mir ist dies nur einmal passiert, mit Prof. Bernhard Grzimek zusammen im Denali Nationalpark. Wir waren beide anschließend sehr still ... Auf Seite 70 links unten sieht man eine Bräunbärin mit ihrem Kind im Katmai Nationalpark im Gebiet des Brooks River. Hier gibt es eine Lodge in der Nähe der Stromschnellen, wo man von 3 bis 4 Meter hohen Plattformen mit anderen Touristen zusammen die Bären beim Fischen im Fluss beobachten kann. Brooks River ist für jeden Alaska-Besucher mit dem Wasserflugzeug erreichbar.

3,5-4,5/28-105 mm, Sensia-100, Stativ.

Braunbärenweg in den Wäldern Alaskas.

Die Urlauber

Jedes Jahr im Herbst verlassen 50 bis 100 Millionen Monarch-Schmetterlinge Kanada und die USA und fliegen in südlichere, wärmere Gefilde. Früher wusste man nicht, wo sie bleiben. Man nahm an, sie verteilen sich wie alle anderen Schmetterlingsarten. Erst 1975 entdeckte man, dass sie in riesigen Kolonien von jeweils 10 bis 30 Millionen Tieren im Hochgebirge von Mexiko (3000 bis 4000 Meter hoch) überwintern. Sie hingen dort zu vielen tausend Tieren dichtgedrängt zusammen an den Zweigen der Bäume.

Wer zwischen Ende Oktober und Mitte April nach Mexiko reist, sollte die »Hauptstadt« der Monarch-Schmetterlinge aufsuchen. Es handelt sich um das Dorf Angangueo, unweit der Stadt Zitácuaro im Bundesstaat Michoacán.

links: 4,0/500 mm, Sensia-100, Stativ.
ganz unten: 4,0/200 mm, Sensia-100, Stativ.
Ein Arbeitsfoto hierzu sehen Sie auf Seite 171.
unten: 4,0/200 mm, Sensia-100, Stativ.
rechts: 3,5-4,5/28-105 mm, Sensia-100.

El Rosario Reserve (3.500 m).

Monarch-Schmetterlinge im Winterquartier.

Männchen und Weibchen bei der Kopulation.

Diese Entdeckung war eine Sensation. Um so mehr, weil es sich um Schmetterlinge der *vierten* Generation handelt, denen es gelingt, zielsicher die 5000 km entfernten Überwinterungsquartiere der Urgroßeltern zu finden.

Es funktioniert so: Nachdem die Schmetterlinge sich paaren (siehe Bild auf Seite 72 unten rechts), sterben die Männchen. Die Weibchen fliegen im März nach Norden und legen ihre Eier dort ab, dann gibt es noch weitere Generationen in USA und Kanada, und erst die vierte Generation fliegt zurück nach Mexiko, genau zu den Winterquartieren ihrer Vorfahren. Schlichte Frage: Wie finden die diese Plätze viele tausend Kilometer entfernt? Kein Wissenschaftler kann bis heute diese Frage beantworten.

In früheren Zeiten gingen die Farmer mit Flammenwerfern gegen diese zigmillionen Gäste vor und vernichteten sie, weil man glaubte, dies sei ein Schädlingsbefall, wie etwa in den deutschen Wäldern der Borkenkäfer.

Erst später war man sich darüber im Klaren, dass es sich lediglich um die Winterquartiere dieser zauberhaften Geschöpfe handelte.

Heute hat Mexiko die Überwinterungsquartiere der Monarch-Schmetterlinge weitgehend unter Naturschutz gestellt, und viele tausend Menschen kommen jedes Jahr zwischen November und März in die Hochgebirge Mexikos, um dieses Naturschauspiel zu beobachten.

Sierra Chincoa Reserve (3500 m)

Die Illusion der Einsamkeit

4,0/500 mm, 1,4x Konverter, Sensia-100, Autoscheibenstativ.

Eisbären kann man am sichersten von Ende Oktober bis Anfang November in den Gebieten um die kleine Stadt Churchill in Kanada beobachten. Dieser Ort an der Hudson Bay nennt sich zu Recht »Die Welthauptstadt der Eisbären«.

Diese Fotos sind dort entstanden, und es sind Naturdokumente: Sie zeigen die Wirklichkeit, aber nicht die Realität. Die Fotografie lügt nicht,

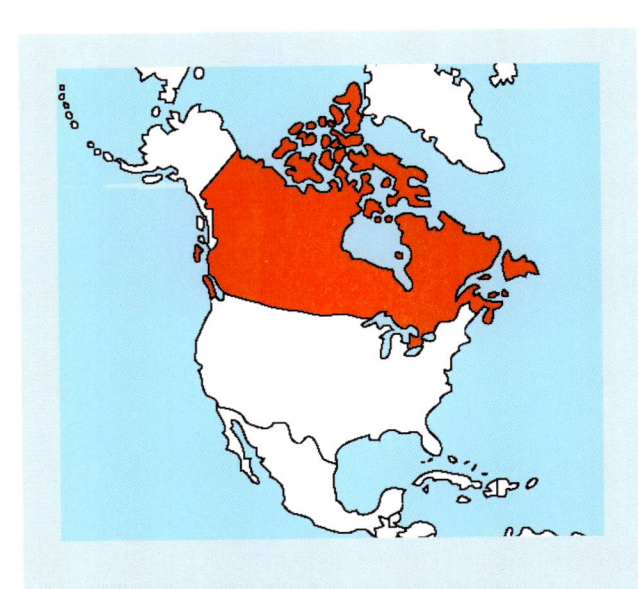

In Kanada gibt es mehr als eine Stadt, die Churchill heißt. Dem Bärenfotografen interessiert nur die an der Hudson Bay, in der Provinz Manitoba. Die nächstgelegene Großstadt ist Winnipeg, die liegt allerdings 1000 Kilometer südlich. Die besten Chancen, Eisbären zu sehen, hat man in der letzten Oktober-Woche bzw. ersten November-Woche.

sie zeigt aber auch nicht die Wahrheit, zumindest nicht die ganze. In den wenigen Wochen im Spätherbst, wenn hunderte von Eisbären dort zu sehen sind, kommen Bärenliebhaber, Naturfotografen und Touristen aus der ganzen Welt nach Churchill, um die Tiere zu beobachten. In dieser kurzen Zeit versuchen die Bewohner des Ortes, ihr Geld quasi für das ganze Jahr zu verdienen.

74

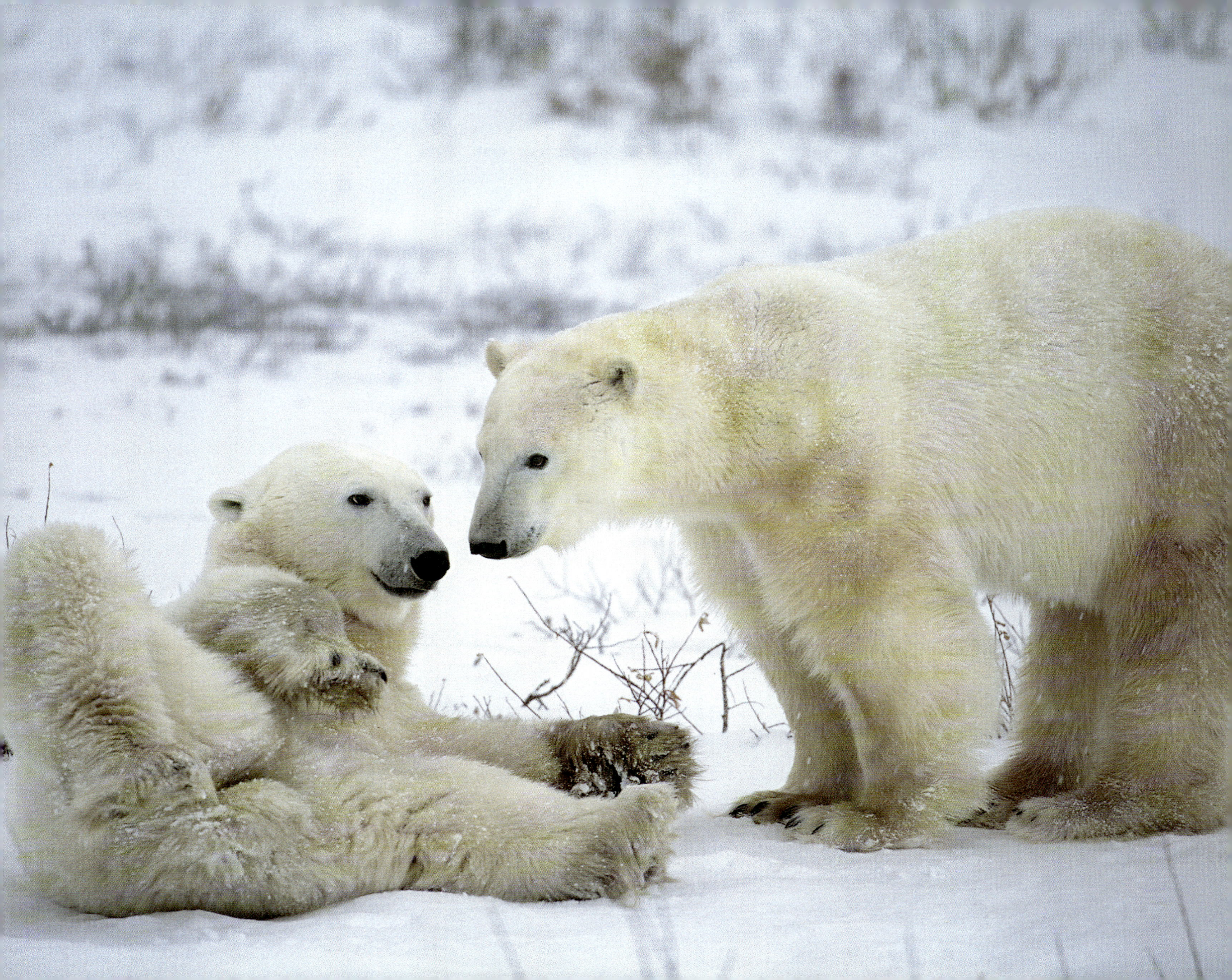

Die Eisbären draußen sind oft umzingelt von kleinen, großen und auch von riesengroßen Tundrabuggys mit bis zu 80 Touristen an Bord, die hin und her rangieren, und mit ihren riesengroßen Rädern den Schnee durchpflügen, was regelmäßig eine Kraterlandschaft hinterlässt, die an einen Truppenübungsplatz der Bundeswehr erinnert. Dazwischen landen Hubschrauber, um Leute zu den Buggys zu bringen oder daraus abzuholen, für einen Schnelltrip durch die Luft von einigen Minuten, um die Bären auch von oben sehen zu können.

Da hat man oft Mühe, zwischen die ganzen Fahrzeuge hindurch die Eisbären so fotografieren zu können, dass man die tiefen Fahrspuren und Reifenabdrücke im Schnee nicht sieht, und natürlich will man auch keine Fahrzeuge und Hubschrauber im Bild haben. Es soll ein Foto entstehen, das den tiefen Frieden und die Stille und Einsamkeit vermittelt, in der die Eisbären in der Fantasie der Menschen leben. Denn diese Illusion ist die Erwartungshaltung der Betrachter, die Bildredakteure bedienen wollen, und darum sieht man überall auch nur solche Fotos von Eisbären in der unberührten Natur: Dokumente, Ausschnitte aus der Wirklichkeit, die nur die halbe Wahrheit erzählen, weil die andere Hälfte der Wahrheit niemand sehen will.

4,0/500 mm, Sensia-100, Stativ.

Dies ist kein Kampf, sondern Spiel. Die halbwüchsigen Eisbären üben gerne spielerisch ihre Kräfte.

Diese Bilder sind Ausdruck reiner Langeweile in der Eisbärenwelt. Die Tiere müssen hier warten, bis die Eisdecke der Hudson Bay zufriert und sie darüber weiter wandern können.

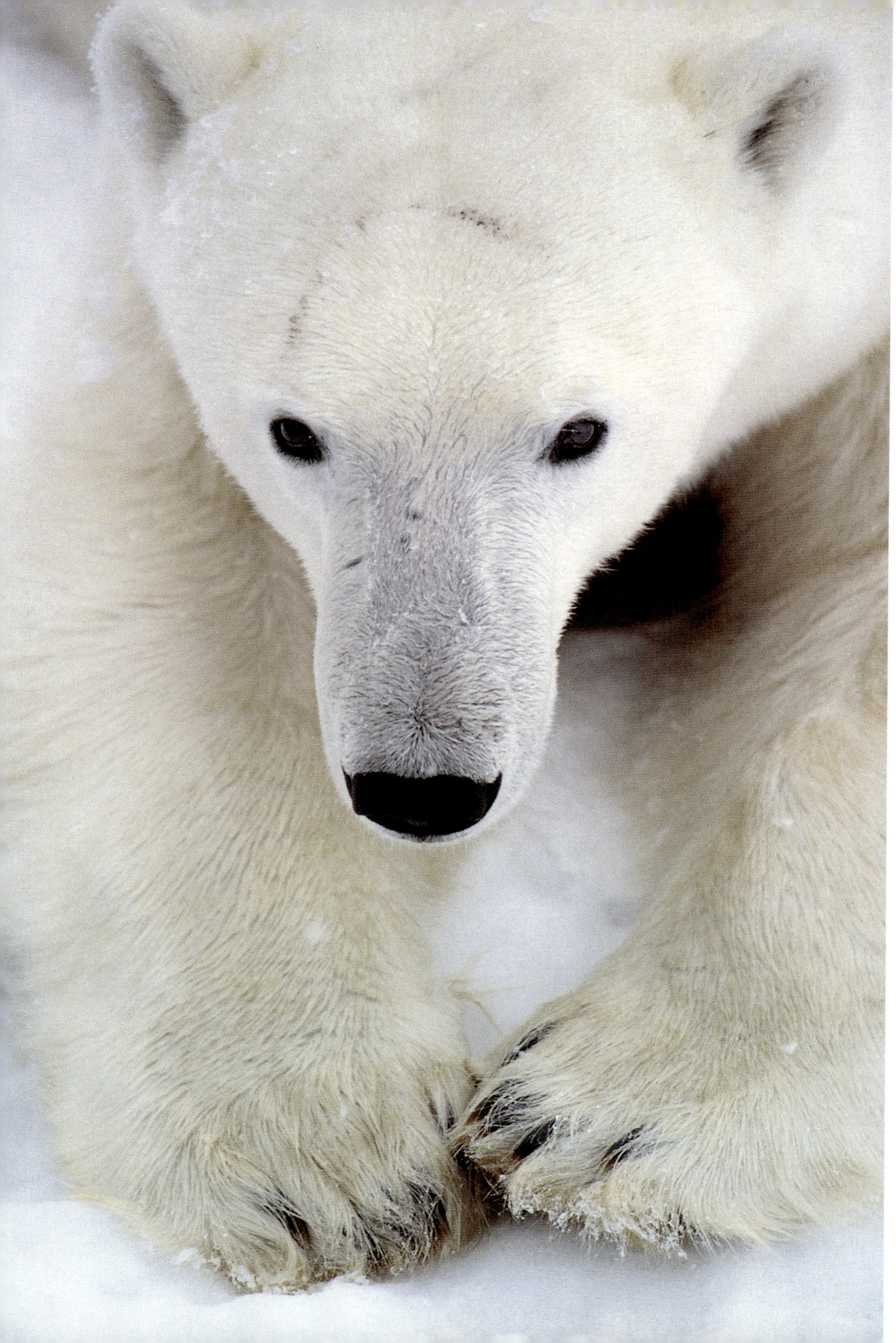
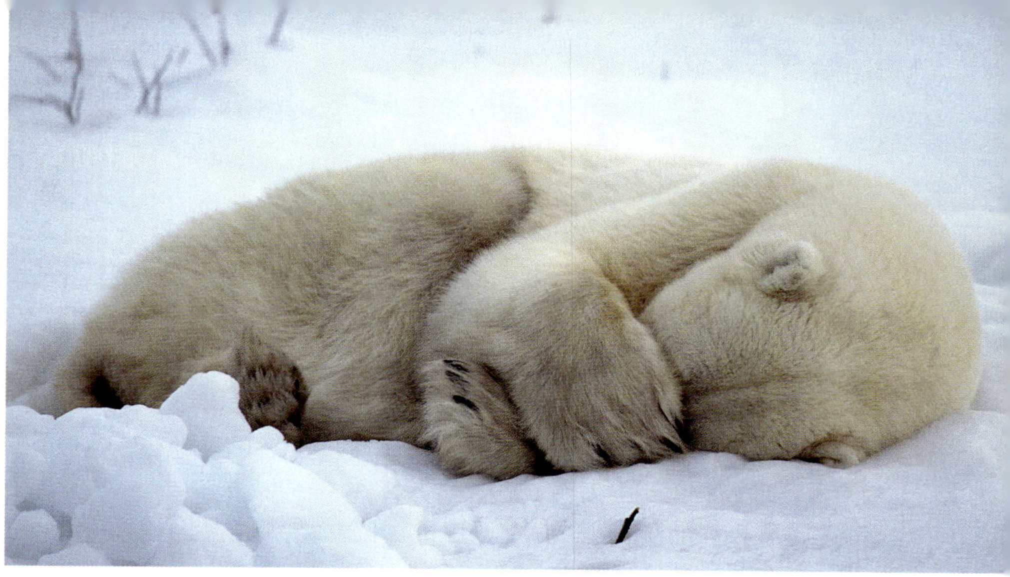
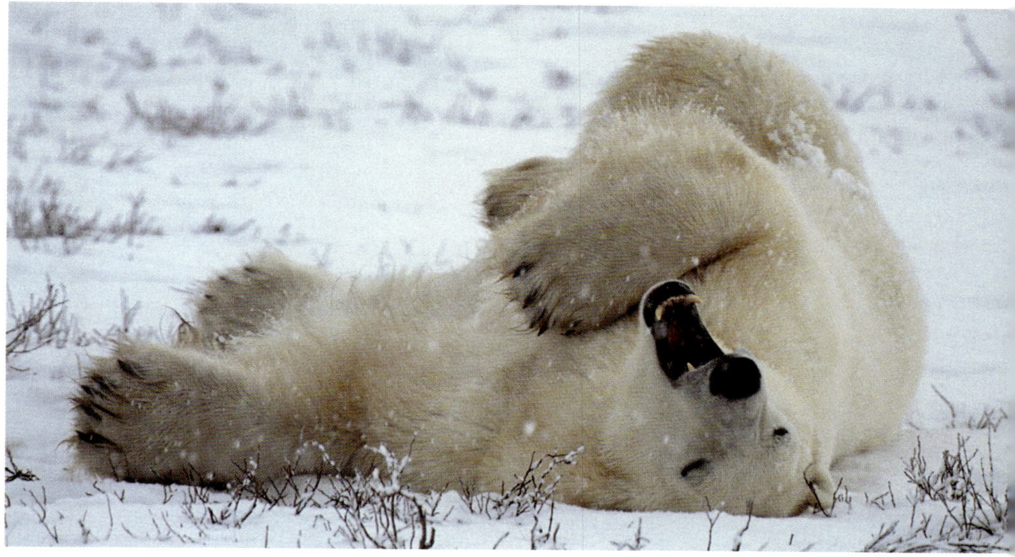
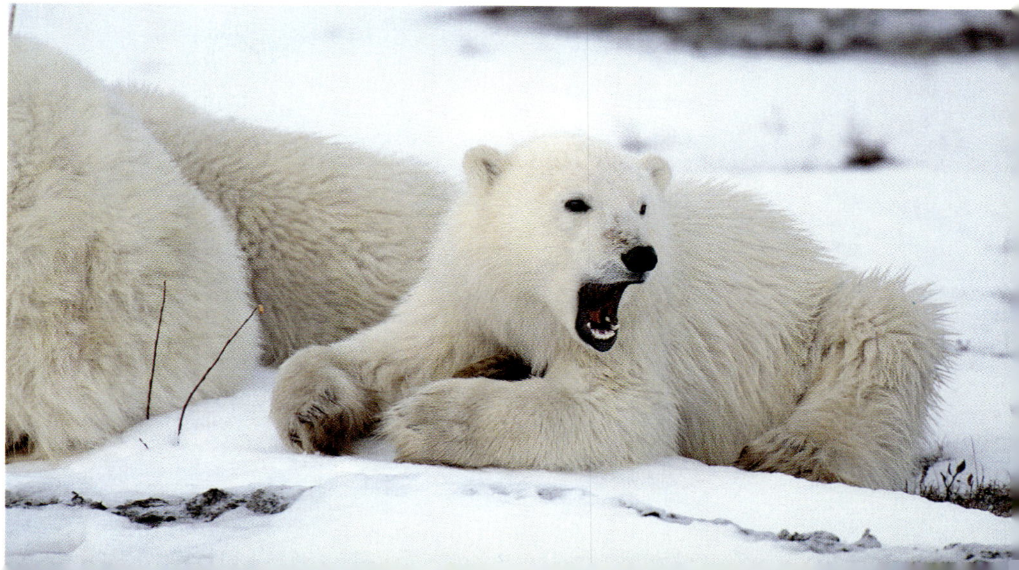

Freunde und Feinde

Ein Fischadlerpärchen so nebeneinander sitzen zu sehen wird einem fast nur kurz vor der Brutzeit gelingen. Man kann die Partner leicht auseinander halten: Das Männchen hat eine – fast – weiße Brust und das Weibchen dort braune Federn – mehr oder weniger. Man kann es auf dem Bild unten schön erkennen. Sobald das erste Ei im Nest liegt, ist es mit dieser Art von Zweisamkeit vorbei. Ab jetzt ist immer einer der beiden Adler am Nest, um die Eier vor den Krähen zu beschützen, die jedes unbewachte Ei stehlen.

Zwei wirkliche Feinde hat der Fischadler in Florida: Waschbären und Weißkopfseeadler: Der Waschbär erklettert die Nester und raubt die Eier oder tötet die Jungen, und vor dem Weißkopfseeadler (Seite 63) haben die Fischadler die größte Angst. Wenn der am Himmel selbst in großer Entfernung auftaucht, herrscht helle Aufregung bei allen Fischadlern und der große Adler wird attackiert und vertrieben. Gegen die Waschbären kann der Fischadler auf die Hilfe der Menschen rechnen: Fast alle Horstbäume oder Masten mit Nestern sind von Blechmanschetten umgeben, die es den Waschbären unmöglich machen, bis zum Fischadlerhorst vorzudringen.

Fischadler-Brutpaar auf der Insel Captiva in der Nähe von Fort Myers, Florida.

oben: 4,0/500 mm, 1,4x Konverter, Sensia-100, Stativ.
links: 4,0/300 mm, Kodachrome-64, Stativ.
rechts: 4,0/500 mm, 2x Konverter, Kodachrome-200.

Paarungsspiele.

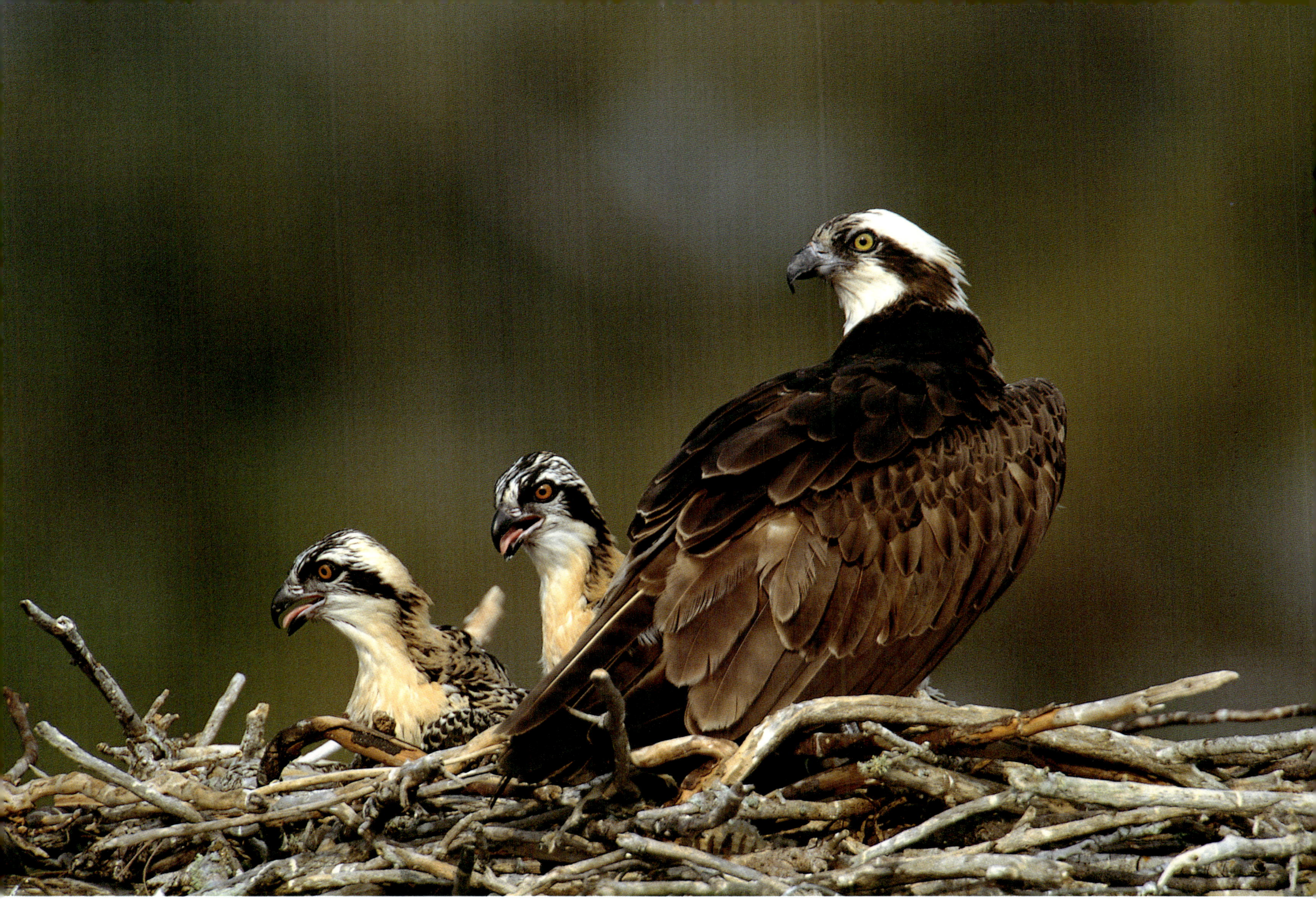

Beamte mit Flügeln

Fischadler leben in einer Welt, die auch nicht gerechter ist als unsere. In Schottland etwa waren die Fischadler jahrzehntelang ausgestorben und haben sich erst wieder angesiedelt, als Fischzuchtanlagen gegründet wurden. Nur durch die dort für sie bei lang anhaltendem schlechten Wetter vorhandenen 'eisernen Reserven' an Nahrung ist es möglich, dass sie ihre Jungen großziehen können. Dann die Wege: Europas Fischadler müssen im Herbst nach Afrika fliegen und im Frühjahr den gleichen langen, gefährlichen und Kräfte raubenden Weg wieder zurücklegen.

Die Florida-Fischadler dagegen leben im Schlaraffenland: Fische leben höchstens 100 Meter vom Horst entfernt, das Wasser ist immer angenehm warm, ihr Brutgebiet ist gleichzeitig Winterquartier. Ich habe noch nie erlebt, dass sie bei schlechtem Wetter viele Kilometer fliegen müssen – wie die Kollegen in Schottland – um Nahrung zu finden. Nirgendwo kann man so schön Fischadler beobachten wie in Florida. Ihre Fluchtdistanz ist 20 Meter. Am Müritzsee in Mecklenburg-Vorpommern ist die Fluchtdistanz 1000 Meter. Aus dieser Entfernung kann man natürlich keine guten Bilder machen.

Fischadler sind Beamte: Die tägliche Routine wird eisern eingehalten und sie lassen sich durch nichts beirren und aus der Ruhe bringen. Morgens zwischen 7.30 und 8.00 Uhr fliegt der Fischadler los, um für das Frühstück einen Fisch zu fangen. Mir ist nie klar geworden, warum er nicht schon eher startet: Hell ist es schon um 6.00 Uhr, und auf einen Aufwind – wie die Geier etwa – braucht er auch nicht zu warten.

Zwischen 8.00 und 9.00 Uhr kommt er dann mit dem ersten Fisch zum Horst zurück und übergibt ihn nicht seinem Weibchen, sondern setzt sich erst auf einen Baum in der Nähe und frisst in aller Ruhe erst einmal die vordere Hälfte des Fisches selber. Das kann eine Stunde dauern. Da kann sie noch so gellend rufen – er frisst nicht schneller und er kommt auch nicht eher. Anschließend fliegt er dann mit der zweiten Hälfte des Fisches zu seiner besseren Hälfte in den Horst, übergibt ihr den Rest des Fisches, und sie fliegt nun damit davon um ihn irgendwo zu fressen, während er brütet oder die kleinen Jungen bewacht. Wenn die Jungen groß sind, verfüttert sie den von ihm gebrachten Fisch an die Kleinen. Das ist die normale Routine.

Früh am Morgen landet er mit dem ersten Fisch des Tages auf einem Baum nahe am Horst. Diesen frisch gefangenen und noch lebenden Wels wird er erst in aller Ruhe zur Hälfte selber verzehren, bevor er den Rest zur Familie bringt (nächste Seite).

links: 4,0/500 mm, 1,4x Konverter, Sensia-100, Stativ.
rechte Seite: 4,0/300 mm, Kodachrome-64, Stativ.

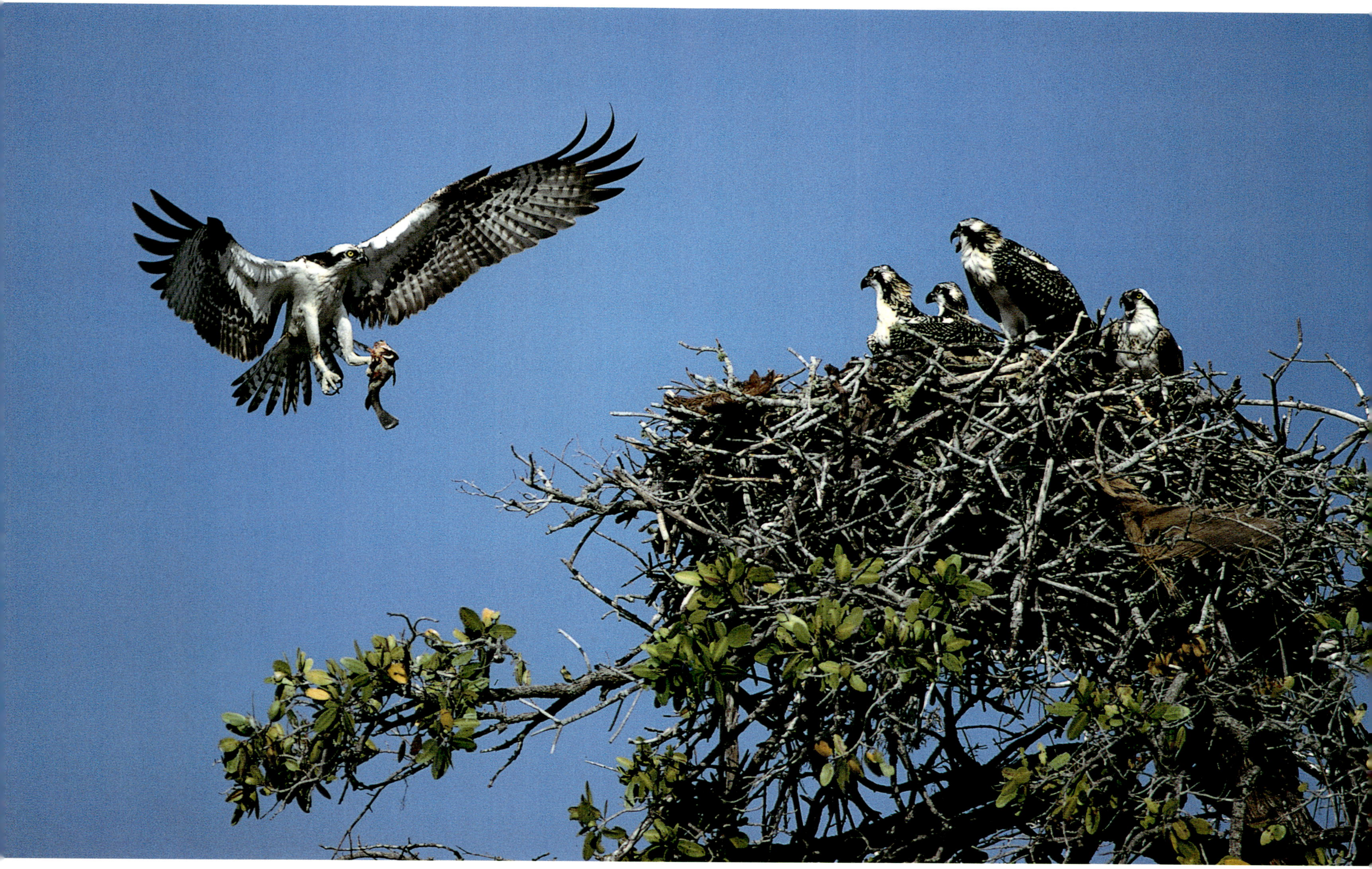

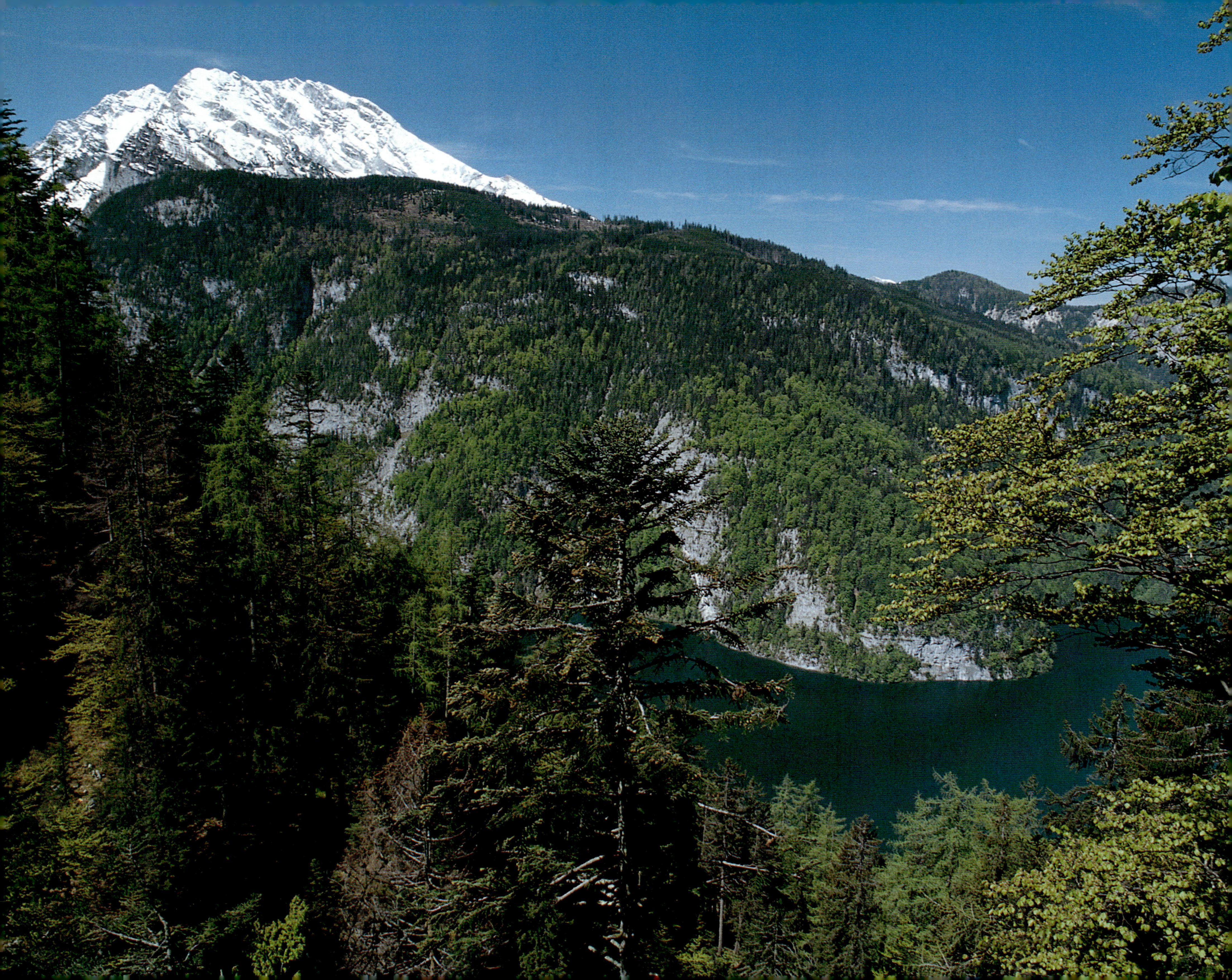

Europa

Stadt der Störche

Weißstörche haben eine Welthauptstadt: Alfaro in Spanien, nicht weit entfernt von Zaragoza. Auf der Kathedrale San Miguel in diesem kleinen Ort brüten jedes Jahr über 100 Storchenpaare. Ein imposantes Schauspiel. Bei der ersten Zählung 1949 ermittelte man auf dieser Kirche – einem spanischen Nationalmonument – nur 18 Nester.

In nur wenigen Stunden könnten auch Sie in Alfaro sein. Der Flug von Frankfurt nach Zaragoza dauert 105 Minuten. Wenn Sie am Flughafen ein Auto mieten, sind Sie in einer Stunde in Alfaro. Wohlgemerkt: Die Störche sind nur zwischen Februar und August zu bewundern.

Auf Grund von alten Fotos weiß man, dass es früher in Alfaro und auf der Kathedrale nie Weißstorchnester gegeben hat.
Erst ab Mitte der achtziger Jahre begann die Kolonie rapide zu wachsen, wohl auf Grund des verbesserten Nahrungsangebotes in der näheren Umgebung. So sind die Luzerne-Felder um Alfaro zur Zeit ideale Nahrungsplätze.
Die Grundlage des Speiseplanes der Weißstörche sind hier Insekten, Amphibien und ein aus Südamerika in die Bewässerungsgräben eingeschlepp-

drei Bilder dieser Seite: 4,0/500 mm, 1,4x Konverter, Sensia-100, Stativ.
nächste Seite: 4,0/80-200 mm, Sensia-100, Stativ.

Seite 82/83
Der Königssee, unweit von Berchtesgaden, und eine Bachlandschaft im Bayrischen Wald.

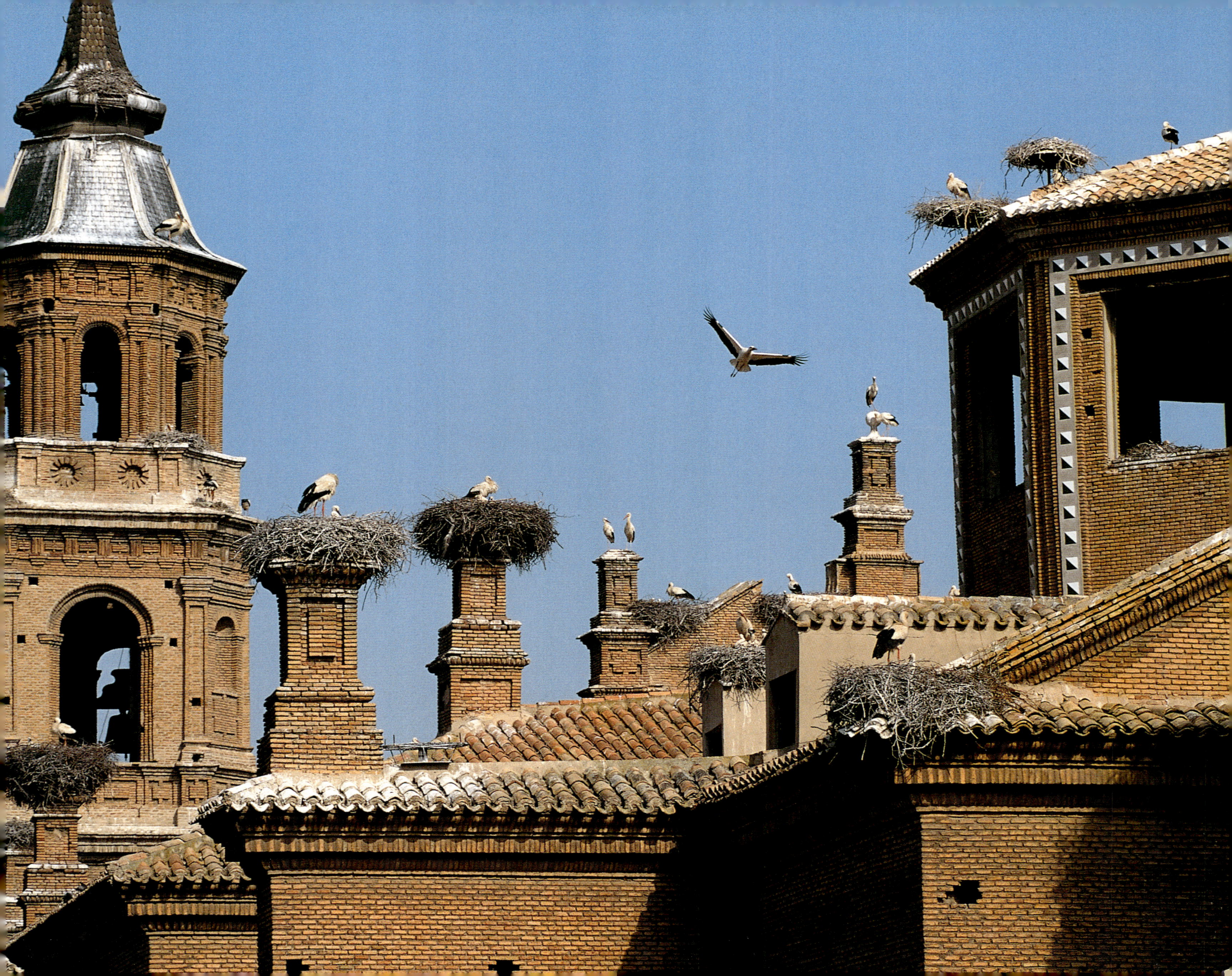

ter Krebs (Procambarus clakii). Allerdings verschmähen die Alfaro-Störche auch nicht die Fische aus dem nahen Ebro-Fluss. Die Störche kommen in Alfaro zwischen dem 22. Dezember und dem 5. März an, meistens aber im Februar.
Es ist jedes Jahr faszinierend mit anzusehen, wie die zunächst nur stecknadelkopfgroßen Vögel aus Schwindel erregenden Höhen in ausgedehnten Kreisen spiralförmig und langsam herabgleiten, immer näher kommen und schließlich zielsicher auf dem Nest landen, das sie ungefähr vor einem halben Jahr verlassen hatten. Ein Ereignis, das mit frenetischem Schnabelgeklapper gefeiert wird.

Der männliche Storch besetzt nicht nur sein Nest vom letzten Jahr wieder, sondern er verteidigt auch sein Revier drumherum. Sieht ein Nachzügler seinen Horst bereits besetzt, kommt es zu heftigen, oft sogar blutigen Kämpfen.
In Felsen-Biotopen – ganz gleich, ob es natürliche oder künstliche sind wie die Kirche San Miguel – herrscht immer Bedarf an geeigneten Nistplätzen. Doch bei großen Vögeln wie den Weißstörchen ist die Raumnot besonders groß. Andererseits bieten die großen Nester, die viele Zentner wiegen können, viel Platz für Untermieter. Während Tauben oder Mauersegler lediglich Nachbarn sind, gibt es andere wie Spatzen oder Stare, die sich gern im »Untergeschoss« einquartieren.
Der Weißstorch hat sich überall in Europa als »Kulturfolger« den Menschen und seinen Siedlungen angeschlossen. Um seinen Status als sympathisches Symbol für Glück und Kindersegen zu erlangen, waren fünf Voraussetzungen nötig:

- Er durfte kein Nahrungskonkurrent sein.
- Er durfte keinen Schaden anrichten.
- Er musste eine ausreichende Größe haben.
- Er musste Sympathie erwecken.
- Er musste die Nähe der Menschen suchen.

Da der Weißstorch diese Voraussetzungen für unsere emotionale Zuneigung erfüllte, haben wir ihm gnädig gestattet, auf unseren Häusern zu leben (Eine Ratte, die ja auch gerne die Nähe der Menschen sucht, aber die anderen Voraussetzungen nicht erfüllt, wird getötet).

2,8/80-200 mm,
Sensia-400, Stativ.

Aus der Nähe

Haubentaucher suchen nicht die Nähe der Menschen, meiden sie aber auch nicht. Sie sind weder Kulturfolger noch Kulturflüchter, sondern suchen einfach Wasserflächen mit Fischen und Brutmöglichkeiten. Das kann ein sehr einsamer See sein, aber auch ein Tümpel mitten in der Stadt. Dieses Haubentaucherpaar hatte sich einen kleinen See mitten in der Stadt Lünen in Westfalen als Brutrevier ausgesucht und das Nest nur 10 Meter vom Klubhaus des dort ansässigen Anglervereins gebaut. Daher brauchte ich mein Stativ nur auf die Terrasse des Klubheimes aufzustellen, Kamera und Teleobjektiv zu befestigen und die Vögel zu beobachten und zu fotografieren. Sie waren natürlich an die Menschen gewöhnt und ließen sich auch durch 8 bis 10 Angler nicht stören, die nach der harten Arbeit am Fisch hier draußen saßen und ihr wohlverdientes Bier tranken. Eine solche günstige Gelegenheit, interessante Vögel aus der Nähe beobachten und fotografieren zu können, spricht sich natürlich schnell herum, und so saßen hier manchmal mehrere Vogelfotografen nebeneinander und warteten auf fotogene Aktivitäten.

4,0/500 mm, Sensia-100, Stativ.

Ja, auch im hier angezeigten Land gibt es noch Motive für den Tierfotografen. Diese Aufnahmen entstanden in Lünen (nördlich von Dortmund).

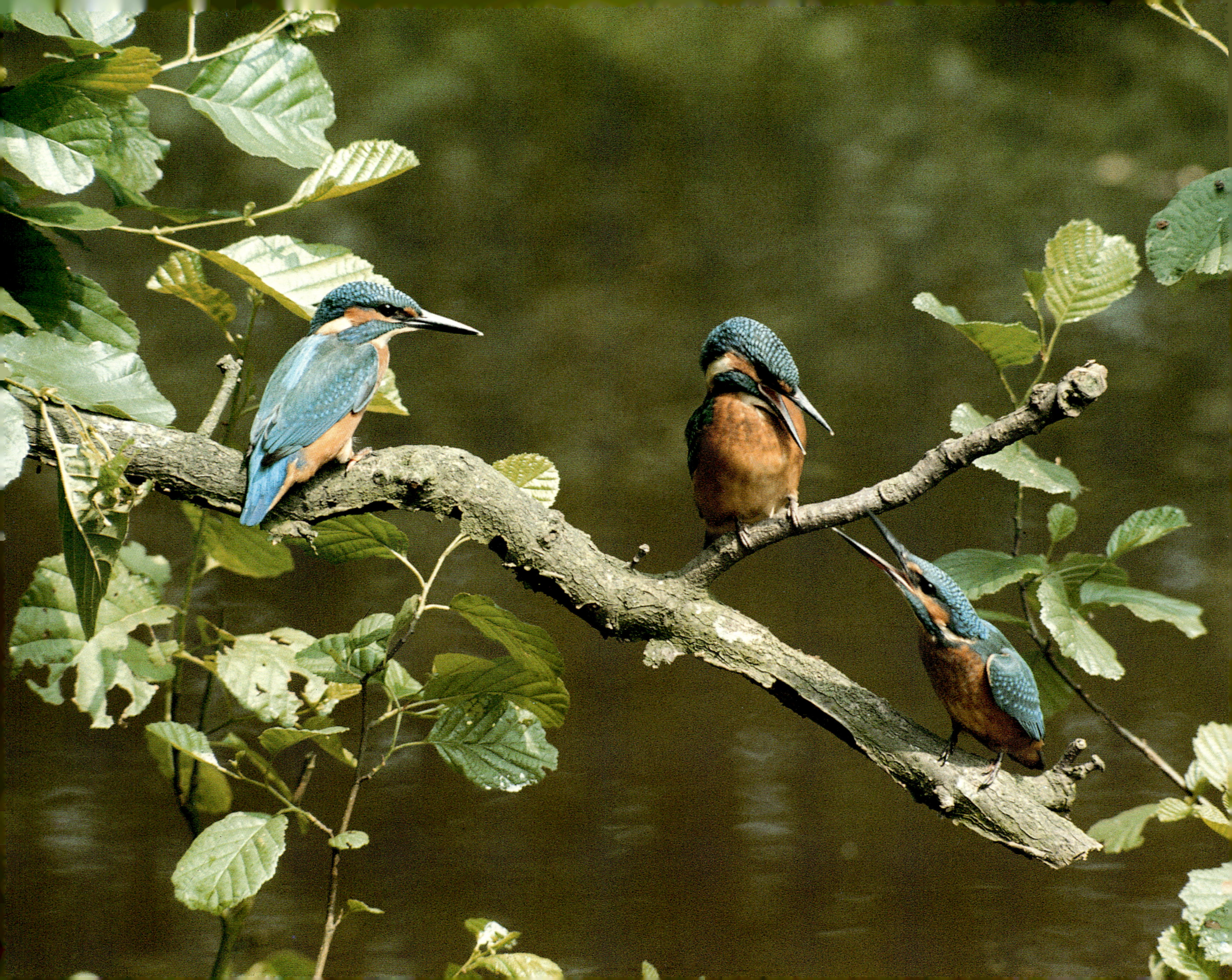

Relikt aus der Eiszeit

Eisvögel leben bei uns am Rande ihres Verbreitungsgebietes und sind daher schon von Natur aus in ihrem Bestand gefährdet. Harte, plötzlich einsetzende Winter können fast den gesamten Bestand vernichten, weil sie dann keine Zeit mehr haben auszuweichen, und es dauert danach oft viele Jahre, bis sie wieder ihre alte Zahl erreicht haben. Meistens erst vor dem nächsten, sehr strengen Winter, in dem dann der Bestand wieder zusammenbricht. Auch Fluss- und Uferbegradigungen dezimieren diese schöne Vogelart, weil sie dann keine Brutröhren mehr graben können.

Aber an sich hat sich der Eisvogel bei uns erstaunlich gut gehalten. Wo er vorkommen kann – Gewässer mit Fischen und Steilwänden um Brutröhren zu graben – da gibt es ihn auch meistens. Nur – seine Anwesenheit wird oft überhaupt nicht bemerkt. Er ist ein Ansitzjäger, und wenn ein Spaziergänger am Bach entlanggeht, bemerkt ihn der Eisvogel lange bevor der Spaziergänger ihn sieht, und er fliegt heimlich, still und leise davon. Der Kenner bemerkt seine Anwesenheit an seinem durchdringenden Ruf und an den beiden Schleifspuren der kleinen Füße im Eingangsbereich der Brutröhre, wodurch sich diese etwa von Uferschwalbenröhren und anderen Löchern in den Uferwänden unterscheidet.

Drei junge Eisvögel, einen Tag nachdem sie ausgeflogen sind.

Wenn man einen alten Eisvogel mit seinen Jungen zusammen sehen will, dann hat man dazu nur zwei oder drei Tage Zeit: Wenn die Jungen ausgeflogen sind, bleiben sie nur wenige Tage zusammen und dann verteilen sie sich entlang der Ufer im Revier der Eltern, weil dann jeder Jungvogel eine größere Chance hat gefüttert zu werden.

Ein alter Eisvogel mit einem eben erbeuteten Fisch.

links: 2,8/135 mm, Ektachrome-200, Tarnzelt, Stativ.
oben: 5,5/240 mm, Ektachrome-200. Blitz 1/8000 sek., Tarnzelt.

Eisvögel haben eine ganz eigene Jagdtechnik: Sie tauchen mit geschlossenen Augen genau bis zum Standort des Fischen und schnappen ihn sich – wenn sie Glück haben. Sie tauchen nie tiefer als nötig, weil sie mit geschlossener Nickhaut (drittes Augenlid) auch nichts erkennen können. Sie öffnen die Nickhaut über dem Auge erst wieder, wenn sie aufgetaucht sind.

Tölpel etwa haben eine völlig andere Technik der Unterwasserjagd: Sie tauchen tief bis weit unter den Fisch, den sie fangen wollen, und beim auftauchen versuchen sie ihn – mit offenen Augen – zu erbeuten. Der Eisvogel schätzt die Entfernung zum Fisch vor dem Tauchstoß ganz exakt ein, stößt dann mit angelegten Flügeln ins Wasser und öffnet sie unter Wasser exakt so, dass er mit dem Schnabel genau den Fisch erreicht. Aber lange nicht jeder Stoß ins Wasser ist erfolgreich.

Im Prinzip jagt der Eisvogel nur Fische, und in den sechs Jahren, in denen ich jeden Sommer Eisvögel fotografierte, habe ich ihn immer nur Fische jagen sehen, bis auf eine Ausnahme: Da hat er einen kleinen Frosch erbeutet und minutenlang versucht, ihn herunter zu schlucken, bis er ihn schließlich auswürgte und achtlos im Sand liegen ließ.

5,5/240 mm, Ektachrome-200,
Blitz 1/8000 Sek., Stativ, Tarnzelt.
Münsterland, Westfalen.

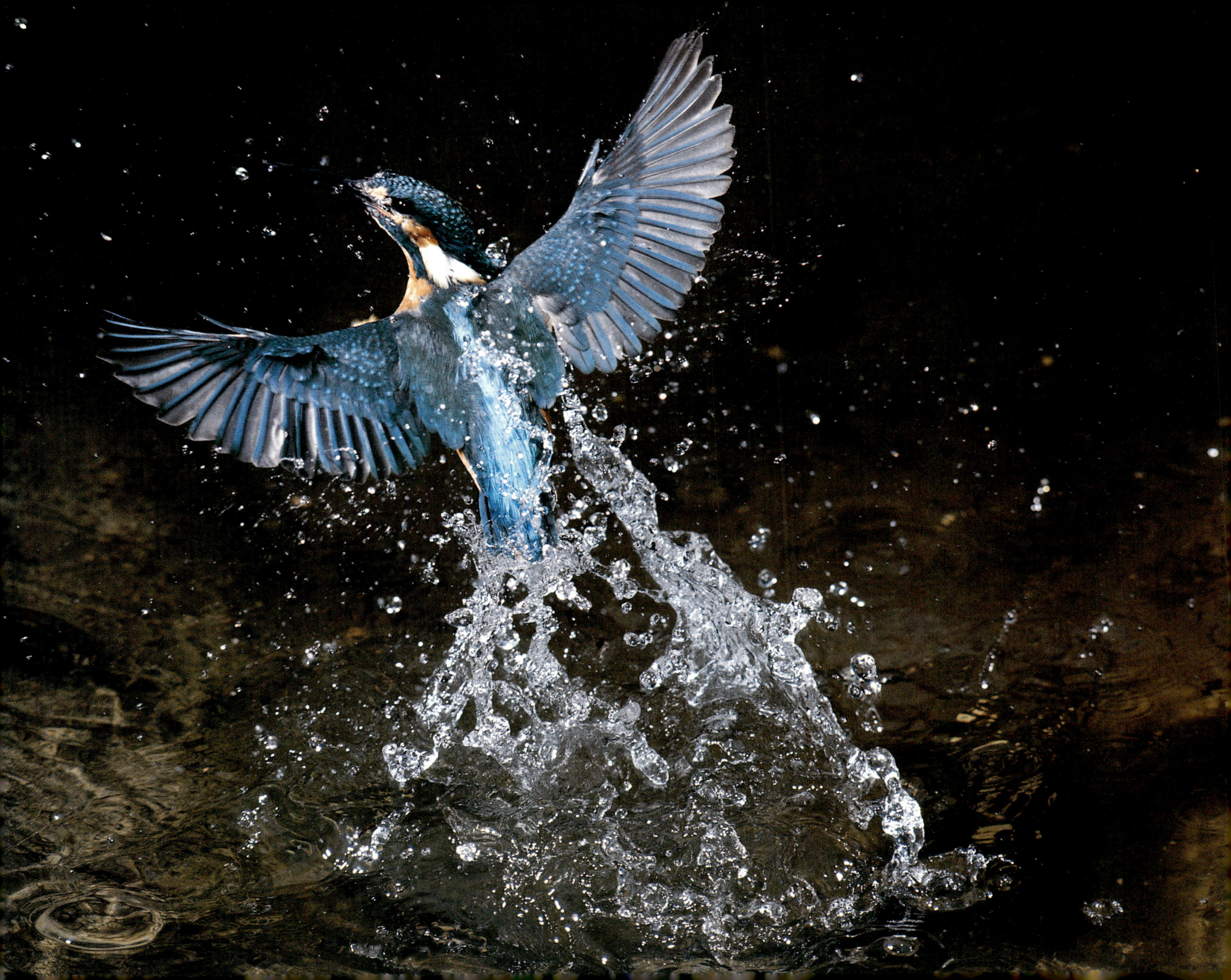

Ausgerottet

Große Raubtiere sieht der Europäer am liebsten in den afrikanischen Nationalparks. Zuhause genießt er sie eher im ausgerotteten Zustand, weil die ihm sonst die großen Beutetiere (z.B. Rehe und Hirsche) weggefressen würden, bevor er sie selber erbeuten kann.

Oder man meint, große Raubtiere stellen eine Gefahr für die Menschen dar. Vielleicht stimmt das sogar hin und wieder, obwohl beispielsweise etwa in Amerika auf 10.000 Verkehrstote nicht einmal ein Toter durch Bären kommt.

Aber nicht einmal die für Menschen völlig harmlosen Luchse sieht er gerne in unseren Wäldern. Denn ein Luchs schlägt pro Woche etwa ein Reh, was für die Gesundheit des Wildbestandes eigentlich ideal ist, aber verständlicherweise schießt der Jäger die 52 Rehe pro Jahr lieber selber und hat dadurch nebenbei auch noch ein leichteres Leben. Denn wo es Luchse gibt, sind die Rehbestände äußerst wachsam, vorsichtig und heimlich, weil sie immer auf der Hut vor dem Luchs sind; sie erschweren dem Jäger dadurch seine Arbeit beträchtlich. Wer diese großen Tiere bei uns trotzdem sehen möchte, kann das wunderbar im Nationalpark Bayerischer Wald. Dort gibt es eine sehr schöne Gehegezone, in der diese zwei Bilder auch entstanden sind, in welcher man die bei uns (fast) ausgestorbenen Tierarten Luchs, Wolf, Bär, Wisent und Wildkatze in idealen Großgehegen bewundern kann.

links: 4,0/500 mm, Sensia-100, Stativ.
rechts: 4,0/300 mm, Kodachrome-64, Stativ.

Braunbär und Luchse in Gehegen des Nationalparks Bayerischer Wald.

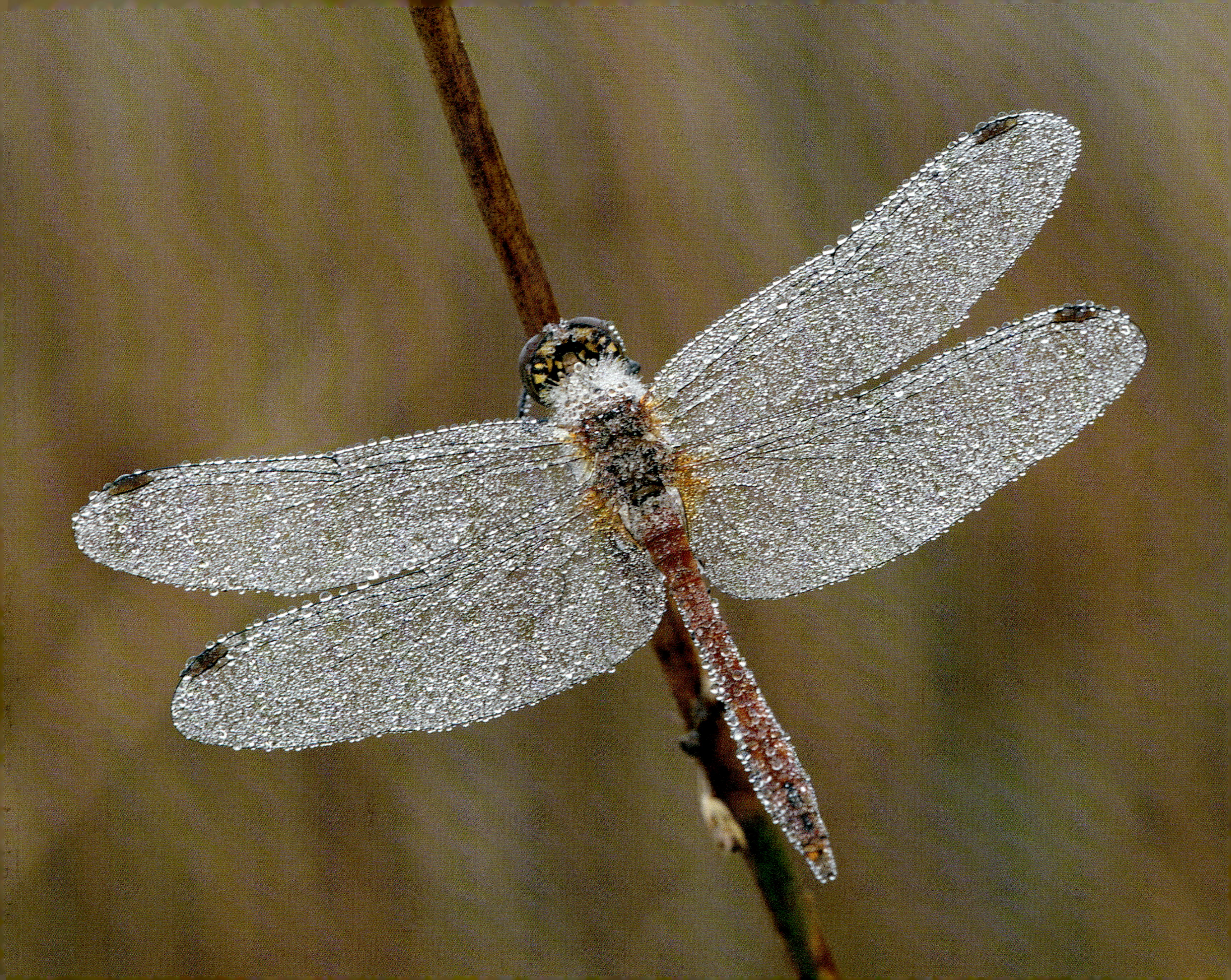

In aller Frühe

Libellen zu knipsen ist einfach: Man nimmt sich ein 100er oder 200er Makroobjektiv (oder eine Nahlinse vor das Zoom 70–210 oder auch einen Zwischenring hinter eine normale Festbrennweite, etwa 135 mm) und sucht sich einen Platz, wo es Libellen gibt. Teiche, Moore, Seen – wo Wasser ist, sind meistens auch Libellen. Dann geht man einfach nahe genug heran und drückt ab. Fertig.

Libellen gut zu fotografieren ist wesentlich schwieriger: etwa im Morgentau, in idealem Licht, alle vier Flügel scharf, der Hintergrund schön ruhig, gleichmäßig und nicht störend. Das ist nicht ganz so einfach. Für die hier abgebildeten Fotos bin ich vier Wochen lang jeden Morgen um 5.00 Uhr zu einem Moor am Dümmer See in Niedersachsen gefahren. So früh, weil das beste Licht vor Sonnenaufgang ist und weil mit Sonnenaufgang und der dann eintretenden Lufterwärmung Wind aufkommt, was die Halme bewegt, an denen die Libellen sitzen. Bei Blenden zwischen 11 und 16 kommt man immer auf Belichtungszeiten zwischen 1/8 und 1 ganze Sekunde, und da ruiniert der kleinste Windhauch jedes Foto.

4,0/200 mm Makro, Sensia-100, Stativ, Spiegelvorauslösung.

Schwarze Heidelibelle im Morgenrot.

Notizen aus Niedersachsen

Es ist nur eine schlichte Ausrüstung, die man zur Libellenfotografie benötigt. Auf der nächsten Seite sehen sie mich bei der Arbeit, fotografiert vom Kollegen Willi Rolfes, mit einem 200-mm-Makroobjektiv vor der Kamera und diese auf einem normalen Stativ. Das ist alles, was man braucht. Dann sollte man sich einen Platz mit Libellen suchen und vor Sonnenaufgang dort sein. Wenn Sie Libellen im Morgentau aufnehmen wollen, dann ist September der am besten für solche Fotos geeignete Monat.

Vierflecklibellen-Versammlung.

Sehr hilfreich für wirklich scharfe Libellenfotos ist eine Spiegelvorauslösung. Wenn die Kamera eine hat (Nikon F4, Nikon F5, fast alle Canon EOS-Kameras), dann sollte man sie auf jeden Fall auch einsetzen. Wenn die Kamera keine hat, dann lieber ein 100 mm statt ein 200-mm-Makroobjektiv nehmen, und die für Unschärfen durch den Spiegelschlag gefährlichsten Verschlusszeiten – 1/15 Sek. bis 1/2 Sek. – auf jeden Fall meiden. Also die Blende so einstellen, dass man mit 1/30 Sek. arbeiten kann oder erst wieder mit 1 ganzen Sekunde.

Schwarze Heidelibelle im Morgentau.

4,0/200 mm, Sensia-100, Stativ. Alle fotografiert mit Spiegelvorauslösung. Moor nahe Dümmer See in Niedersachsen.

Federlibelle, gefangen im Sonnentau.

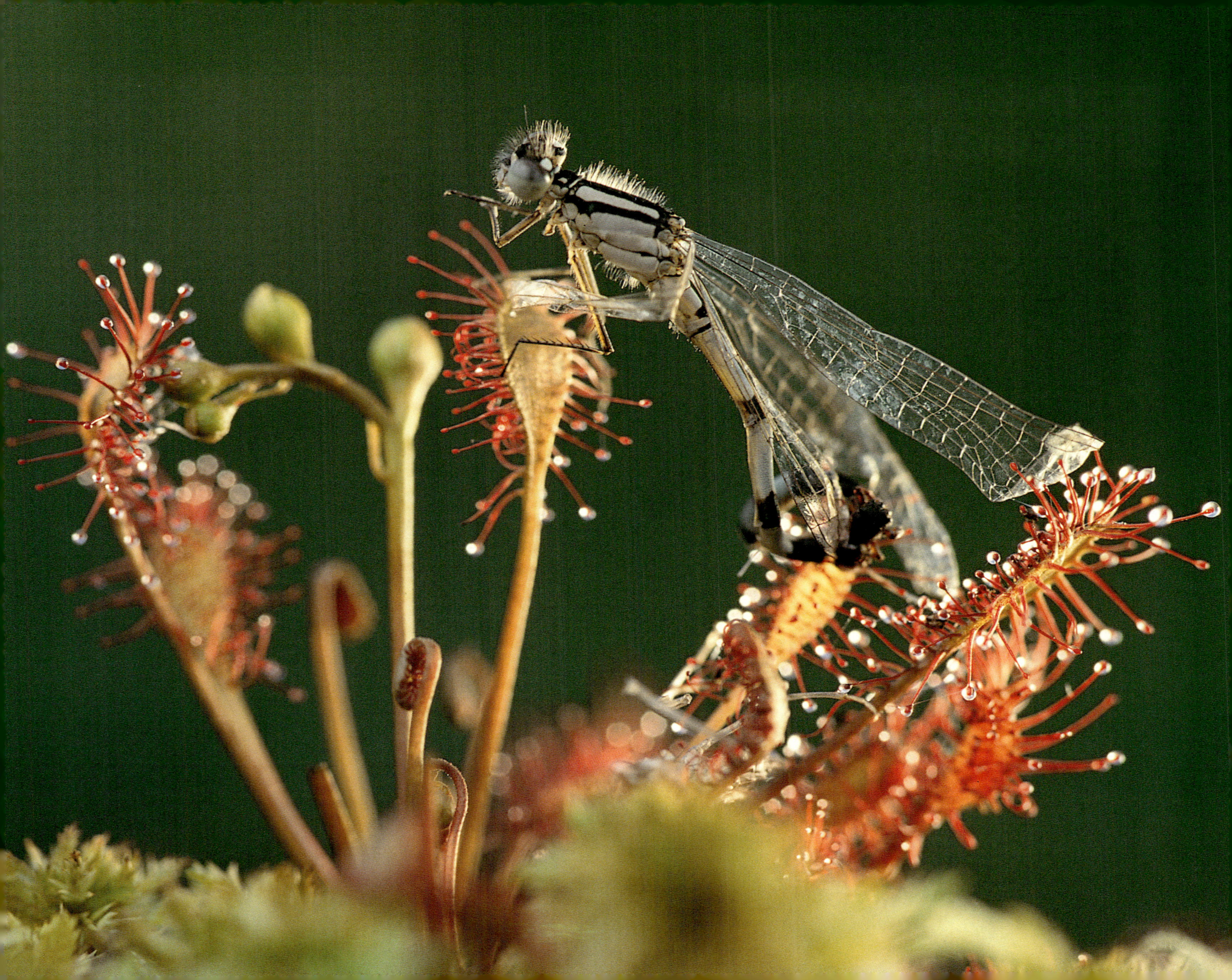

Der Moment zwischen Leben und Tod

2,8/300 mm, 1,4 x Konverter, Sensia-100, in Schweden vom Boot aus fotografiert.

Fischadler sind keine echten Adler. Man kann es am Foto unten links gut sehen: Mit diesen ausgefahrenen und vorgestreckten Krallen steht er den Habichten näher als den Adlern. Vielleicht ist deshalb sein zweiter Name in Amerika auch »Fischhabicht«.

Ob eine Gepardin eine Gazelle jagt, eine Eule eine Maus, der Eisvogel einen Fisch – dieser Moment zwischen Leben und Tod ist immer ein entscheidender: Der Jäger muss Beute machen, wenn er überleben will. Untersuchungen haben gezeigt, dass viele junge Fischadler in den ersten Lebenswochen nach dem Verlassen der Nester sterben, weil sie es nicht lernen, ins Wasser zu tauchen und Fische zu erbeuten.

Diese Aufnahme hier machte ich auf einem See in Schweden, vom Boot aus. Etwa ein Drittel des Fanges, den die schwedischen Berufsfischer in ihren Netzen und Reusen haben, ist so genannter Gammel, der nicht verkäuflich ist, weil Menschen diese Fische nicht gerne essen. Sie wandern daher lebend, halbtot oder ganz tot in den See zurück. Die Möwen und Fischadler haben sich angewöhnt, solche Fische als leichte und angenehme Beute anzunehmen, und dadurch ist es für sie auch einfacher, Schlechtwetterzeiten zu überstehen, genau so wie die schottischen Adler dann auf die Fischzuchtanlagen zurückgreifen. Dieser Adler hier erbeutet gerade eben so einen in den See zurückgegebenen Fisch.

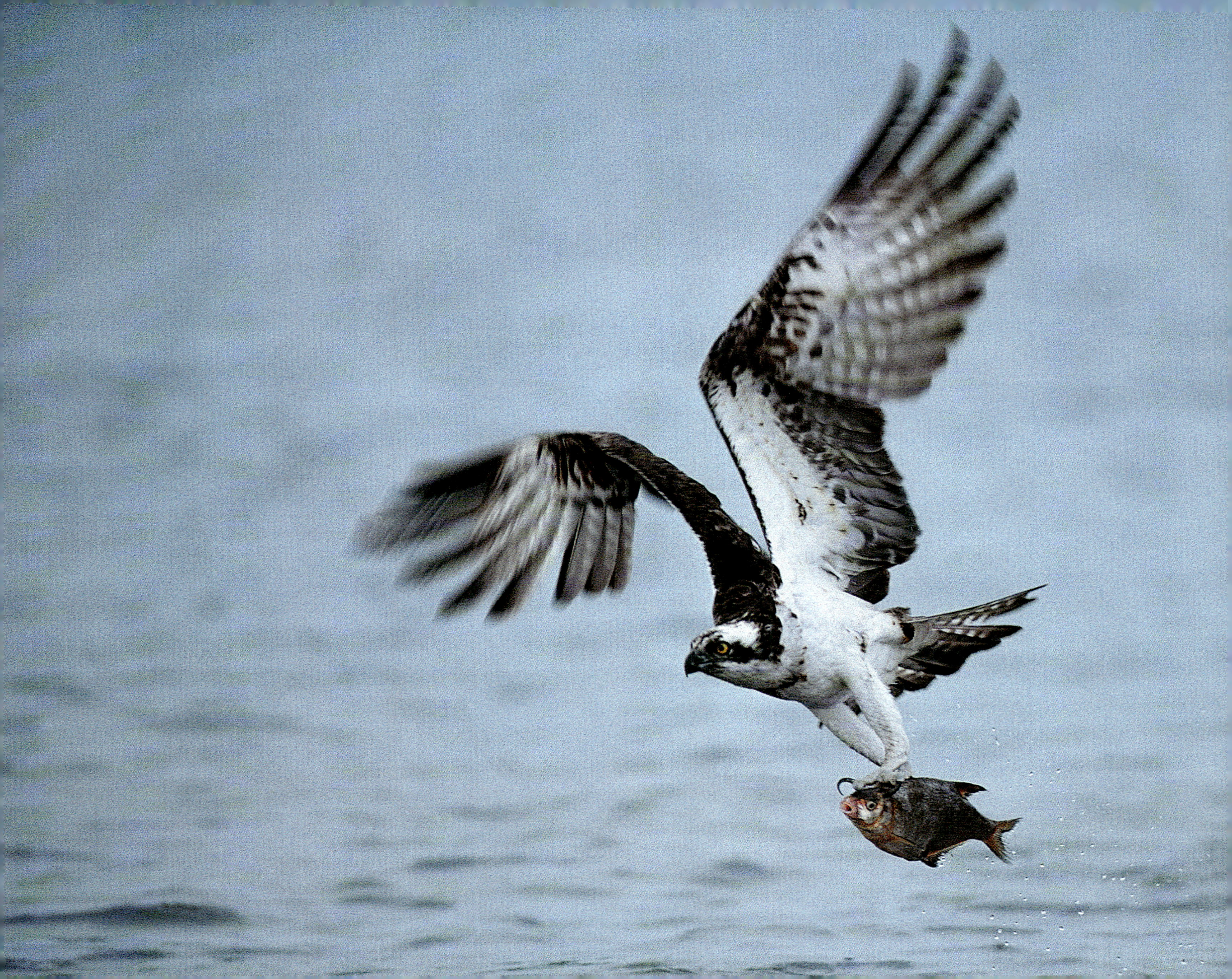

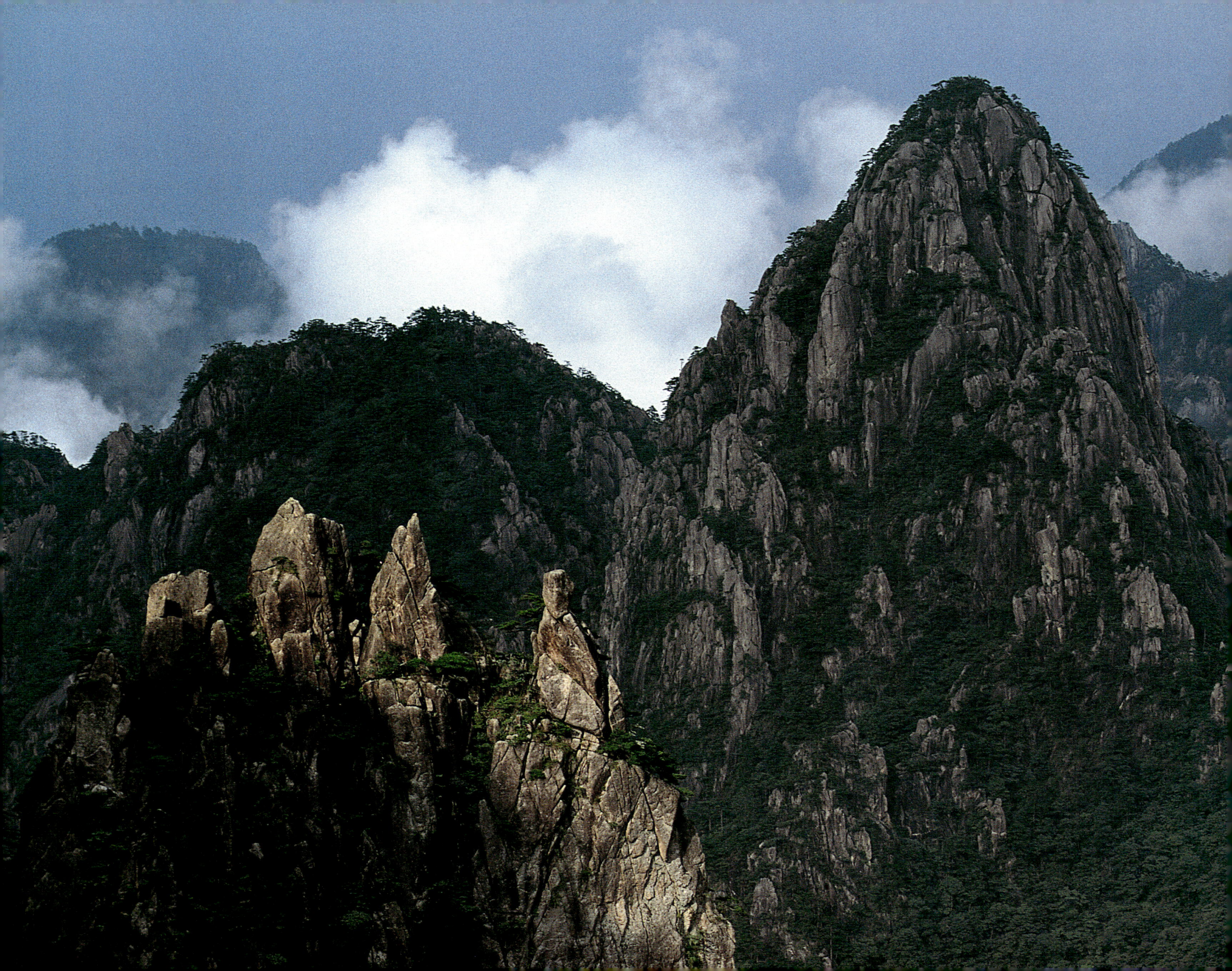

Asien

Geschenk des Himmels

Riesenpandas in Freiheit zu fotografieren ist derzeit leider kaum möglich, weil China keine Genehmigungen erteilt, in den Nationalparks ihres Landes diese Tiere freilebend aufzunehmen. In der südwestlichen Provinz Sichuan leben die letzten 1000 Riesenpandas in Freiheit in einigen Reservaten, darunter im größten, das etwa 2000 Quadratkilometer große Wolong Naturreservat.

Wer unbedingt viele »Miles & More« sammeln möchte, sollte unbedingt in China fotografieren. Die Landschaftsaufnahmen auf den vorherigen Seiten stammen beispielsweise aus der Provinz Anhui im Osten Chinas, diese Panda-Aufnahmen aus der über 1000 km westlich gelegenen Provinz Sichuan.

Hier, im Wolong-Tal, gibt es auch eine große Riesenpanda-Nachzuchtstation mit etwa 30 Tieren, und hier entstanden auch diese Fotos. Die Tiere werden von ihren Wärtern in ein anschließendes, großes Freigehege entlassen – für einige Stunden – und dann kann man sie unter leidlich natürlichen Bedingungen aufnehmen.

Das sind zwar keine wirklichen Naturaufnahmen, ich nenne so etwas Substitut-Tierfotografie, aber es ist bis jetzt die einzige Möglichkeit, Aufnahmen von diesen so beeindruckenden Bären zu machen. Die jungen Bären lieben es, wenn sie in dieses Freigehege entlassen werden, auf Bäume zu klettern und dann nicht mehr herunterzukommen. Pandas haben alle Zeit der Welt – viel mehr Zeit als ihre Wärter. Also klettern diese nach ein bis zwei Stunden auch auf den Baum und versuchen das Tier mit allen Tricks zu bewegen, den Baum zu verlassen, was oft ein wirklich hartes Stück Arbeit ist. China macht übrigens sehr gute Geschäfte mit diesen Bären: Man kann keine Pandas kaufen, sondern nur leihen. Die Miete beträgt $ 1 Million pro Jahr. Zoologische Gärten zahlen den Betrag gerne, weil die Mehreinnahmen durch die Attraktivität dieser Tiere die Mietkosten weit übersteigen.

4,5/50-300 mm, Sensia-100, Stativ.

Seiten 100/101:
Die »Gelben Berge«, Anhui, China.
Bergkiefer in den "Gelben Bergen".

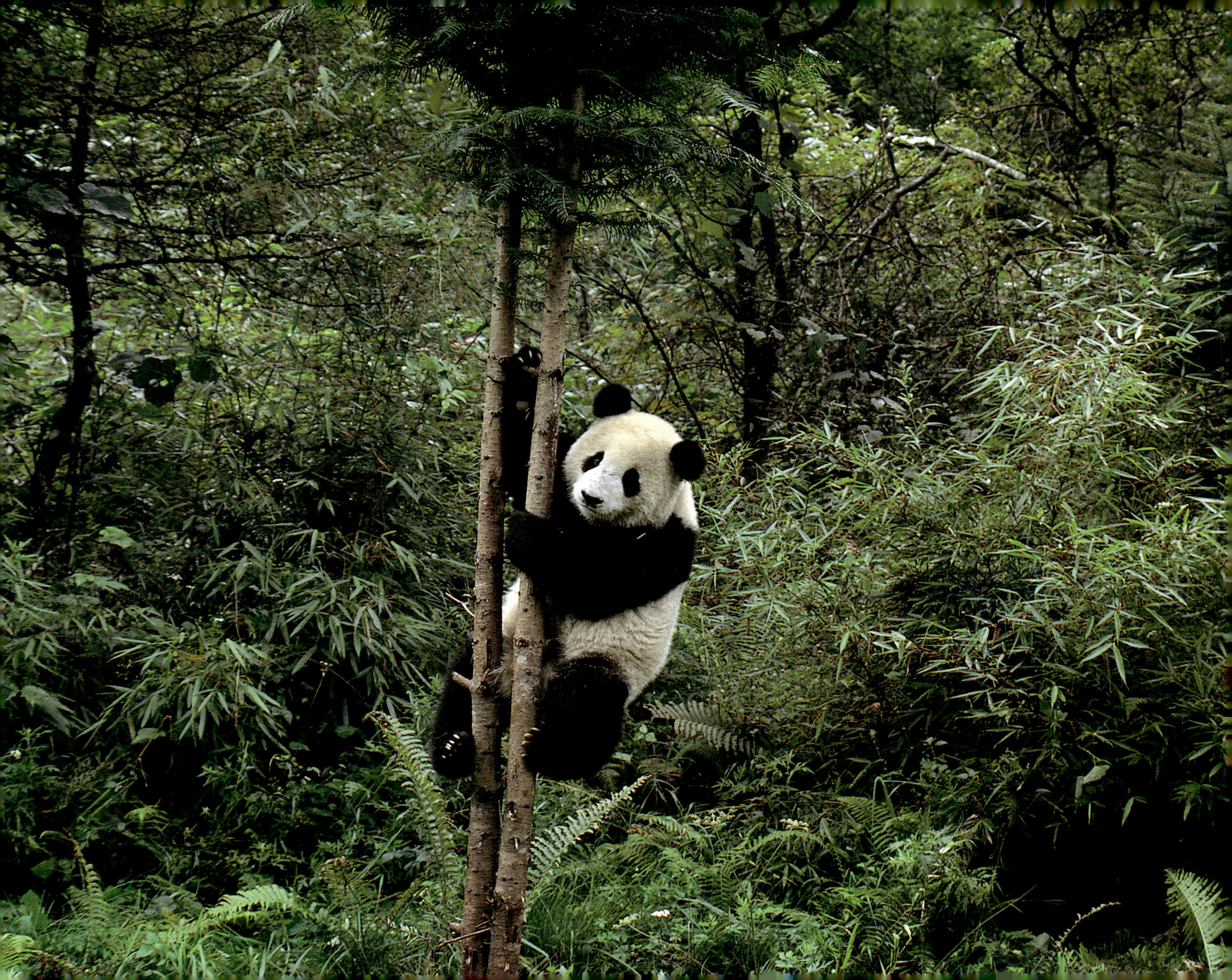

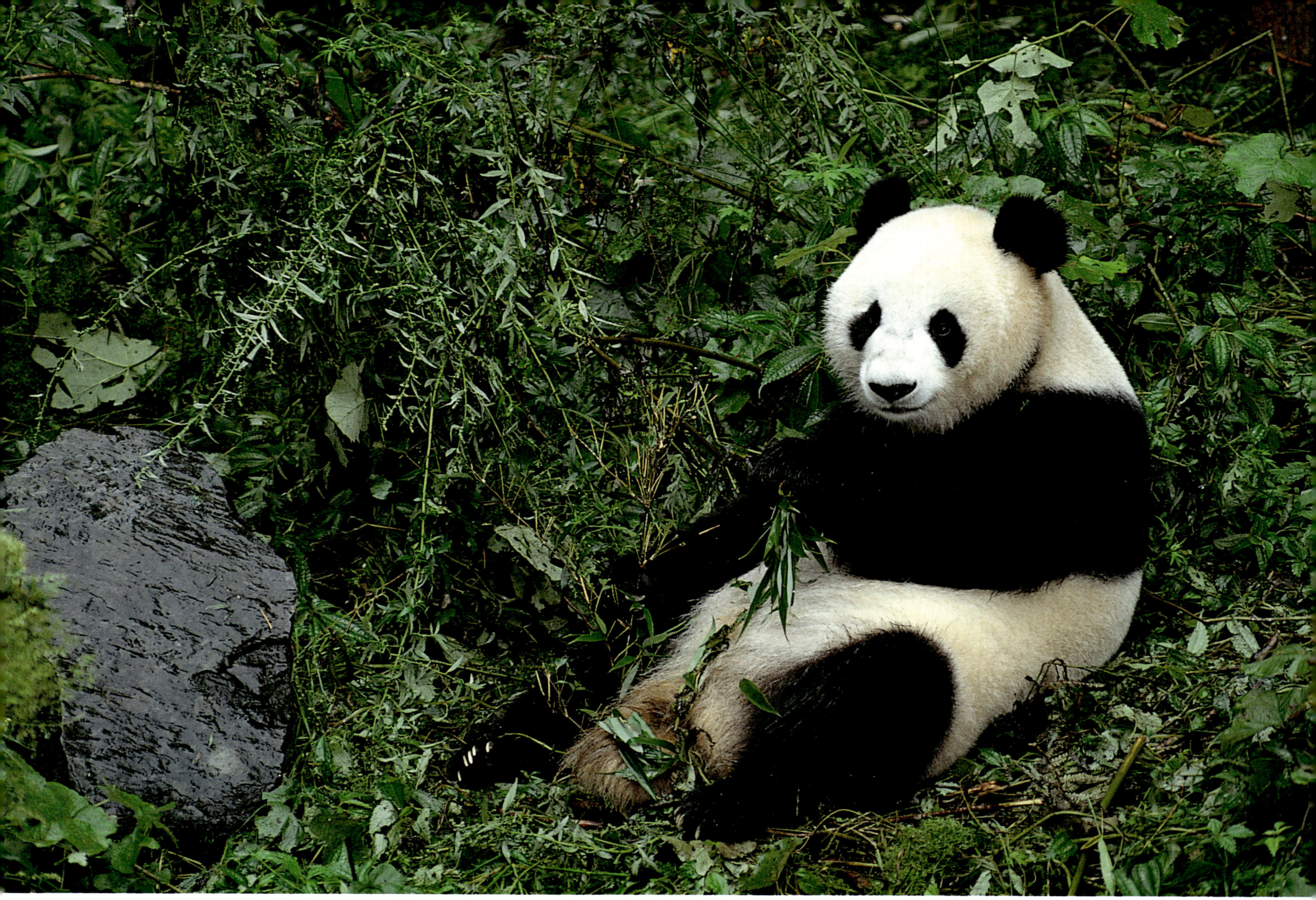

2,8/300 mm, Sensia-100, Stativ.

Notizen aus China

Diese beiden Bilder zeigen deutlich das Zwiespältige der Fotografie von zahmen oder gefangenen Tieren, wenn der Fotograf oder die Bildredaktion nicht auf den Substitut-Charakter solcher Aufnahmen hinweist. Dass ein Panda in einem Baum sitzt und Bambus frisst, wird es wohl so in der Natur nicht geben. Er tut es hier nur, weil der Wärter den Bambus hoch im Baum befestigte. Und ob ein Panda jemals eine Astgabel in Freiheit so benutzen würde wie hier, ist auch fraglich. Daher sind solche Fotos von gefangenen oder zahmen Tieren immer Ersatz, besser als nichts, aber letztlich unbefriedigend.

In der Nachzuchtstation im Wolong Tal in China gibt es auch ein großes, begehbares und für Besucher immer geöffnetes Gehege, mit etwa 30 Kleinen Pandas, auch Rote Pandas genannt.

Sie sind viel agiler als die bekannteren Riesenpandas und halten sich gerne in Bäumen auf. Sie leben im Bambusdickicht und den Bergwäldern des Himalaja in Höhen zwischen 1800 und 4000 Meter. Der Rote Panda ist ein wunderschöner kleiner Bär, eigentlich viel schöner in Wirklichkeit als der Riesenpanda, aber erstaunlicherweise so gut wie unbekannt, wogegen der Riesenpanda sicher zu den bekanntesten Säugetieren der Erde gehört.

Riesenpandas können über so ein bisschen Schnee (Bild nächste Seite) natürlich nur lächeln. In Höhenlagen zwischen 1500 und 4000 Meter, wo recht oft riesige Schneemassen liegen, ist er anderes gewohnt. Am liebsten frisst er Bambusschößlinge, die er mit seinem Mahlgebiss zermalmt. Weil diese Nahrung nicht reich an Nährstoffen ist, muss er viel Bambus jeden Tag verzehren. Der Riesenpanda ist das lebende Nationalheiligtum des Landes China, er ist das Wappentier vom WWF und der Magnet in vielen Zoologischen Gärten vor allen Dingen in den Vereinigten Staaten, wo im November 1999 mit »Tian Yi« – Geschenk des Himmels – ein kleiner Panda zur Welt kam. Allerdings werden die Riesenpandas in Zoologischen Gärten kaum auf natürliche Weise gezeugt: Die Weibchen werden meistens unter Narkose künstlich besamt.

alle drei Bilder: 2,8/300 mm, 1,4x Konverter, Sensia-100, Stativ. Zuchtstation im Wolong-Tal, China.

2,8/300 mm, Sensia-100, Stativ.

Ein Berghang im Wolong Tal, der Heimat der Riesenpandas.

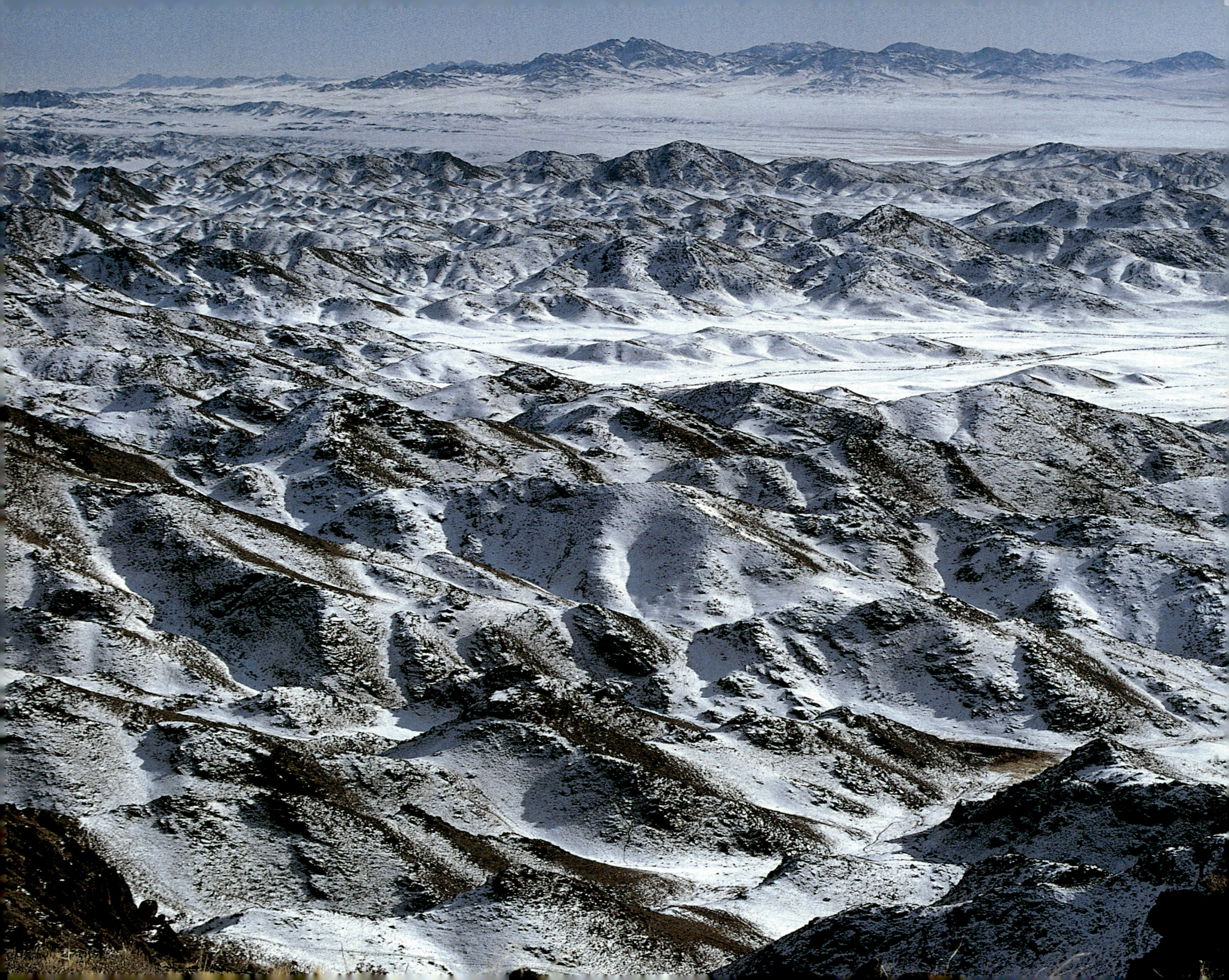

Geist im Hochgebirge

Schneeleoparden sind die Geister in den Hochgebirgen Asiens – selten, geheimnisvoll, gefährdet und fast noch nie fotografiert. Georg Schaller gelang 1970 in den Hindukusch Bergen von Pakistan die erste bekanntgewordene Freilandaufnahme eines Schneeleoparden. Alle anderen Fotos, die man bisher sehen konnte, waren Zooaufnahmen, Bilder aus *game farms* oder es sind Tiere, die in einer Schlinge gefangen sitzen und nicht fortlaufen können.

Auch ist die Geschichte der Erforschung des Schneeleoparden bisher nicht sonderlich erfolgreich verlaufen: Daher sagte wohl Georg Schaller zu Recht: »Es ist immer noch so gut wie nichts bekannt über das Leben dieser Katze«.

Niemand kann die Frage beantworten, wie viele Schneeleoparden es in Freiheit gibt. Forscher haben errechnet, dass es höchstens 7.000 sein können, vielleicht aber auch nur 4.000. Die Mongolei gibt für ihr Land einen Bestand von 1.700 Exemplaren an. Das Streifgebiet eines Schneeleoparden im Himalaja ist 12 bis 40 km² groß, kann aber auch 100 km² betragen, je nach Nahrungsangebot. Keine andere Katze lebt in so großen Höhen wie er, wenngleich er im Winter seinen Beutetieren in tiefere Lagen folgen muss, bis auf etwa 1800 bis 2000 m.

Er ist der Weltmeister im Weitsprung: 16 Meter wurden bisher als größte Entfernung gemessen, und damit dürfte er unter allen Säugetieren unschlagbar sein.

87 % der örtlichen Bevölkerung in seiner Heimat Südostasien sind für eine radikale Ausrottung des Schneeleoparden. Die Zeitung »The Mongol Messenger« berichtete am 9. Juni 1995, dass der mongolische Zoll 1994 alleine 200 Felle beschlagnahmt hat, bei einem Gesamtbestand von 1700 frei lebenden Tieren im ganzen Lande. Einziger – vielleicht – wirksamer Schutz wäre die Errichtung von Nationalparks für den Schneeleoparden, ausgestattet mit wirklich ausreichenden finanziellen Mitteln aus Europa und Nordamerika. Denn wir sind die einzigen, die ihn wirklich schützen wollen und auch die Mittel dazu haben.

4,0/80-200 mm, Sensia-100, Stativ.

Die Höhen des Altai-Gebirges im Grenzgebiet zwischen der Mongolei und China sind auch die Heimat der Schneeleoparden.

Drei Fährten der seltenen Katze im Schnee des Altai-Gebirges. Zwei Schneeleoparden sind bergauf gezogen und einer bergab.

Einmalige Begegnung

alle Bilder: 4,0/80-200 mm, Sensia-100, Stativ.

Links oben: Hier bin ich auf der Suche nach Spuren der geheimnisvollen Katze.

Links unten: einer der jungen Schneeleoparden vor der Höhle. Vom zweiten Exemplar kann man im Schatten so eben noch die Schwanzspitze erkennen.

Rechts oben: Der Schneeleopard kommt direkt auf den Naturfotografen zu, als wäre dieser überhaupt nicht anwesend.

Rechts unten: Der Schneeleopard verlässt sein Geschwister, um hinter einem Felsen zu verschwinden.

Notizen aus der Mongolei

Eines nachmittags im Februar gegen 16.30 Uhr – bei wunderschöner Abendsonne – ritten wir langsam über einen Gebirgskamm, immer nach Spuren und Zeichen der großen Katze Ausschau haltend, als wir plötzlich zwei Schneeleoparden sahen: Einer verschwand eben über einen etwa drei Meter hohen Felsgrat und der andere legte sich davor und beobachtete uns.

Die beiden Katzen waren etwa gleich groß, also war es kein Pärchen in der Phase der Paarung und auch nicht Mutter und Kind, sondern es mussten Geschwister vom Frühjahr 1994 sein, also jetzt etwa knapp zwei Jahre alt. Nach einiger Zeit schlich auch der zweite Schneeleopard davon und ich folgte den beiden langsam. Als ich endlich freie Sicht hatte, bot sich mir ein fantastisches Bild: Der erste Schneeleopard hatte sich in einer Höhle versteckt und der zweite hielt sich davor auf. Er blieb erst einige Minuten bei seinem Geschwister, kletterte dann auf einen etwas höheren Vorsprung und verschwand dahinter. Kurze Zeit später kehrte er zurück und lief direkt auf meine Kamera zu. Der Naturfotograf mit seinem Teleobjektiv schien ihn nicht im Geringsten zu beeindrucken.

Die Entdecker

Die Schneeaffen sind als Erfinder und Entdecker bekannt. Sie waschen Getreidekörner im Wasser, baden in heißen Quellen und spielen mit Steinen und Schneebällen.

Die Schneeaffen (Rotgesichtsmakaken) leben im gemäßigten bis tropischen Klima und sind die am weitesten nördlich lebende Affenart der Welt. In den japanischen Alpen bei Nagano, wo es im Winter bitter kalt werden kann und der Schnee hoch liegt, haben sie die natürlichen heißen Quellen als Hilfsmittel entdeckt um besser durch die kalte Jahreszeit zu kommen.

Japan besteht aus vier Hauptinseln und fast 4000 kleinen Inseln. Die Olympia-Stadt Nagano liegt auf der Insel Honshu und ist von Tokio aus per Bahn erreichbar.

Diese beiden Exemplare hatten sich vom Trupp am Boden in den Schutz des Baumes zurückgezogen. Der eine schreit einem anderen Schneeaffen am Boden ärgerlich etwas zu, was ich aber nicht verstehen konnte ... wegen meiner Ohrenschützer gegen die Kälte, versteht sich.

2,8/300 mm, Sensia-100, Stativ.

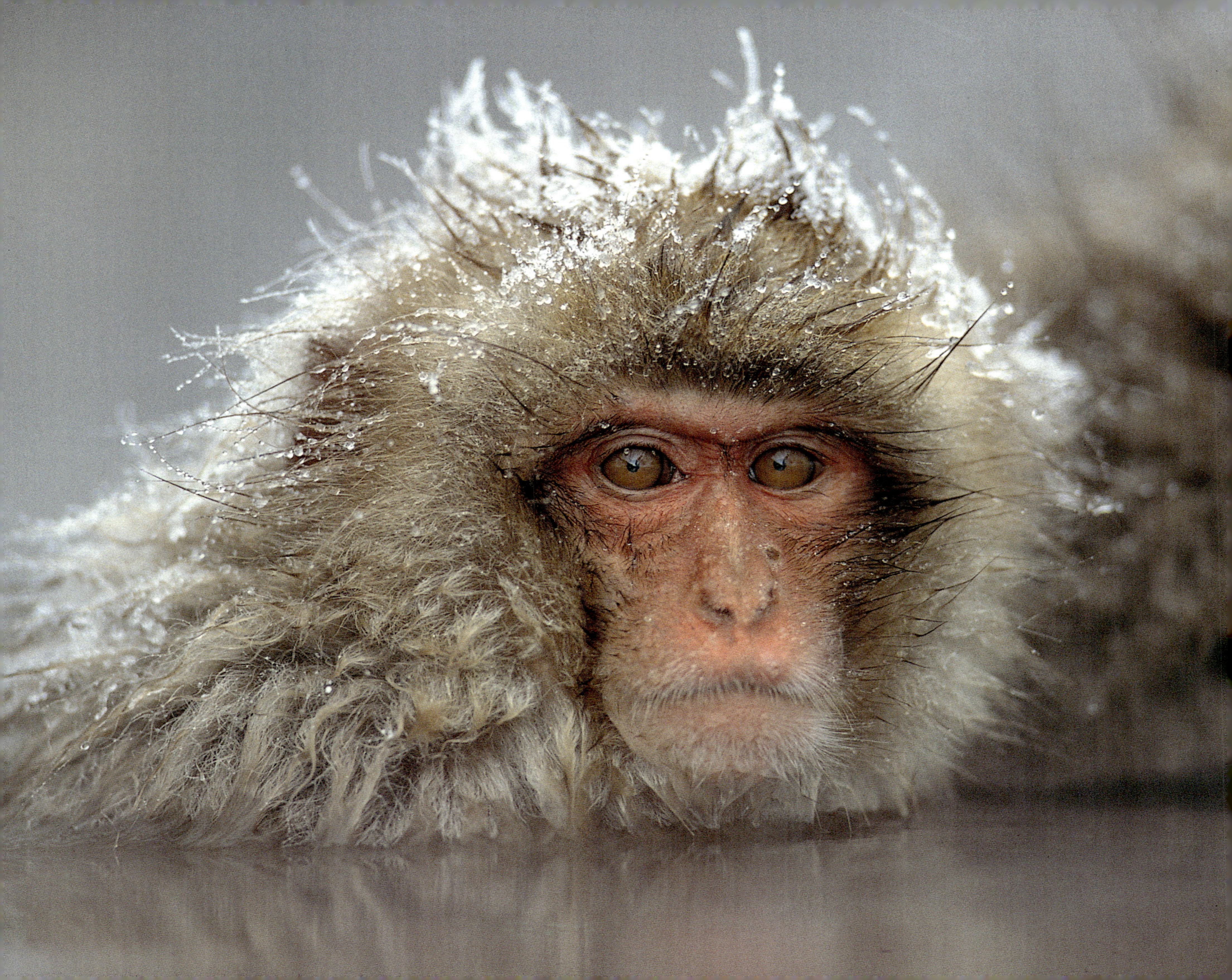

Man sieht den Schneeaffen (oder Rotgesichtsmakaken) an, dass Schnee nicht unbedingt zu den beliebtesten Wetterverhältnissen gehört.

Nächste Seite: Schneeaffenfamilien kommen zu den heißen Quellen um sich im Winter darin zu wärmen.

2,8/80-200 mm, Sensia-100, Alpen bei Nagano, Japan.

Die Affenfamilien kommen in regelmäßigen Abständen zu den heißen Becken und baden dann darin völlig ungestört. Es ist erstaunlich, dass sie sich nicht erkälten, wenn sie mit klatschnassem Fell im Wald verschwinden. Auch die Biologen in Japan wissen bis heute nicht, warum sich die Schneeaffen keinen Schnupfen holen. Vielleicht hilft das dichte Unterfell.

Kartoffel und Getreide im Meer zu waschen und Schneebälle zu formen um damit zu spielen, das hat die Rotgesichtsmakaken weltberühmt gemacht. Allerdings habe ich in den japanischen Alpen bei Nagano immer nur gesehen, dass junge Tiere Schneebälle formten um damit zu spielen, obwohl dies für ältere, erfahrene Tiere sicher noch einfacher wäre. Anscheinend ist der Spieltrieb bei jungen Tieren viel ausgeprägter als bei älteren, wie beim Menschen und wie ja auch bei den Galápagos-Bussarden (Seite 43) zu sehen war.

Notizen aus Japan

Die Schneeaffen sind nicht scheu, wenn sie im heißen Naturpool baden und an den Rändern sitzen. Trotzdem ist es problematisch, sie dort im Winter zu fotografieren, wenn man mit Diafilmen arbeitet.

Beim Farbnegativfilm hat man keine Sorgen, weil er 3 bis 5 Blenden von der richtigen Belichtung abweichende Ergebnisse toleriert. Ein Diafilm muss aber bis auf 1/3 Blende richtig belichtet werden. Der Belichtungsmesser in der Kamera zeigt allerdings bei solchen Motiven wie hier – mit viel Schnee – immer eine falsche, zu kurze Belichtungszeit an und die Dias werden zu dunkel. Also muss man die Belichtung manuell einstellen, nicht auf die Affen messen, sondern auf den Schnee und dann mindestens eine ganze Blende überbelichten. Manchmal sogar zwei ganze Blenden, je nachdem, wie hell der Schnee ist. Das ist technisch etwas diffizil und unangenehm, daher macht man zur Sicherheit zusätzlich auch noch Belichtungsreihen. Das kostet zwar Film, aber ist gut für den Fotohändler, für Fuji und das Entwicklungslabor.

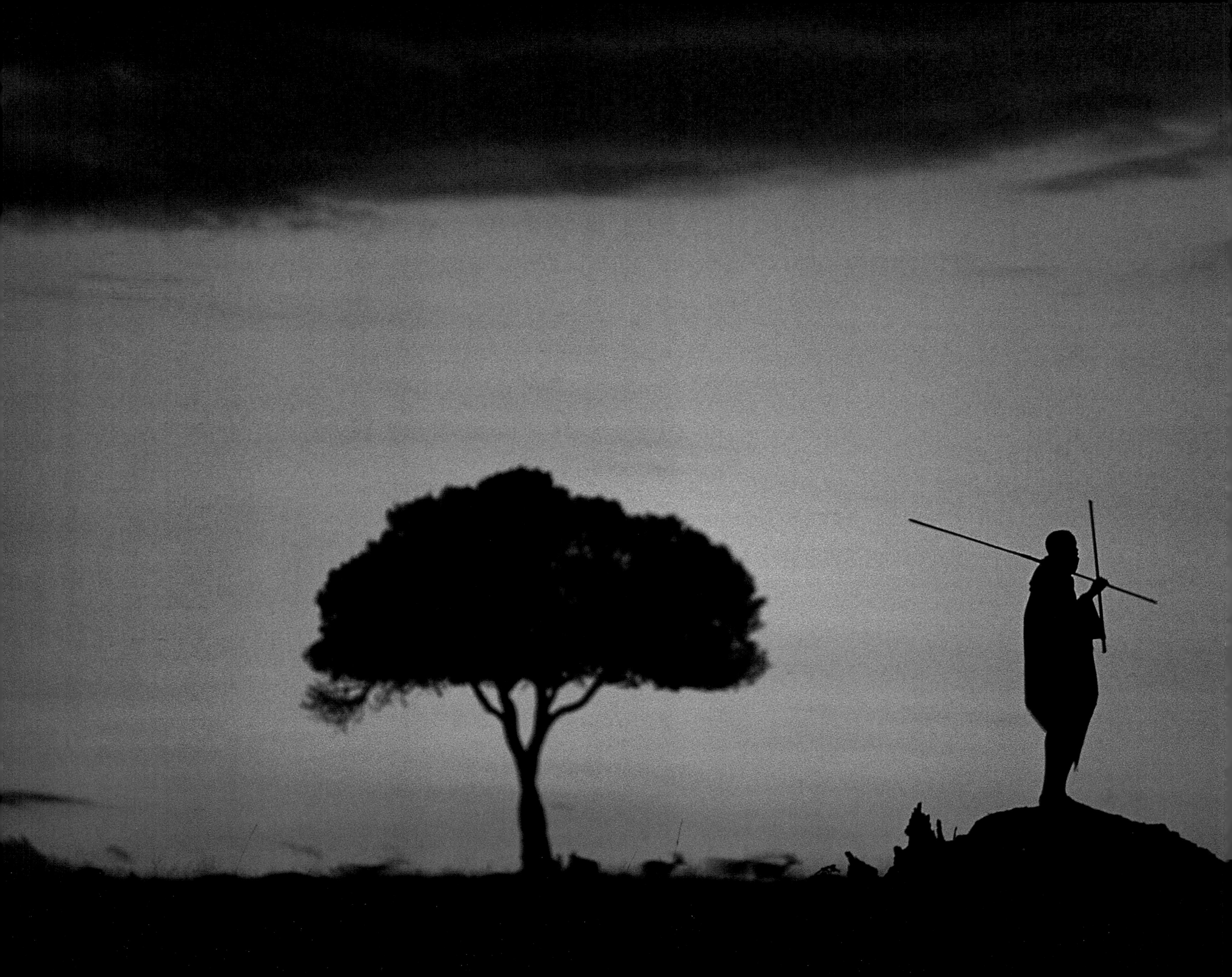

Afrika

Unsere Verwandtschaft

Schimpansen benutzen Werkzeug. Sie entwickeln Kulturen. Sie stimmen mit uns Menschen in 98,4 % der DNS überein, also den Strängen mit Molekülen, die sämtliche genetischen Informationen der Eltern für die jeweiligen Nachkommen enthalten; und trotzdem tun wir uns immer noch recht schwer damit, diese Nähe zu akzeptieren.

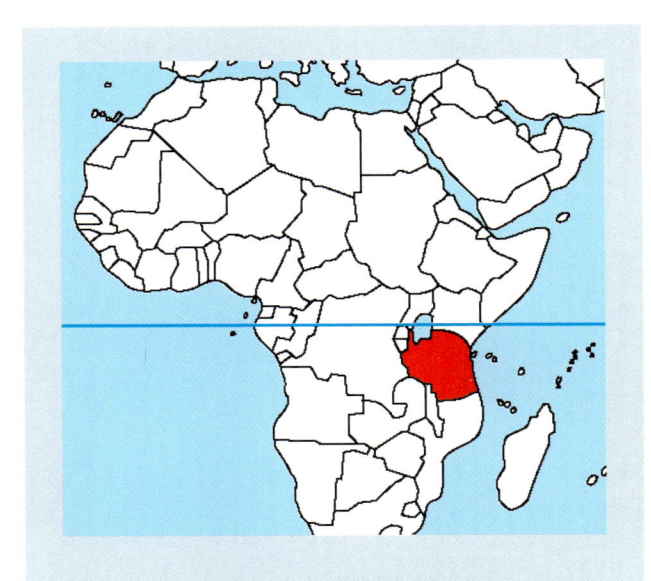

Wir sind immer noch nicht bereit, unsere beiden Arten als Mitglieder ein- und derselben Tierfamilie zu akzeptieren. Schimpansen haben ein Ich-Bewusstsein, sie können ihr Spiegelbild erkennen, sie können bewusst lügen und täuschen – und Jane Goodall war es letztlich, die herausgefunden hat, dass Schimpansen im Grunde alle guten und alle schlechten Eigenschaften haben, die wir auch besitzen, bis hin zur gnadenlosen, lange Jahre dauernden Kriegsführung. Wir können also aufatmen – wir sind nicht die einzigen, die morden und plündern – die anderen Tiere sind auch nicht besser.

Die meisten meiner Afrika-Aufnahmen stammen aus der Masai Mara sowie anderen Nationalparks im Grenzgebiet Kenia/Tansania. Eine Ausnahme stellen die Bilder dieser Seite aus dem Gombe Nationalpark im Westen Tansanias dar.

2,8/80-200 mm, Sensia-100, Stativ, Gombe Nationalpark, Tansania.

Seite 116/117
Szenen aus Kenia: ein Maasai bei Sonnenaufgang und ein alter Feigenbaum.

Notizen aus Tansania

Im Gombe Nationalpark in Tansania wurden alle diese bahnbrechenden Erkenntnisse gesammelt und hier entstanden auch diese Fotos. Weil das Team von Jane Goodall die Schimpansen viele Jahre lang beobachtet und mit Bananen gefüttert hat, sind sie Menschen gegenüber nicht scheu und man kann sie problemlos fotografieren. Einziger kritischer Punkt ist ihr dunkles Fell. Man muss praktisch arbeiten wie bei den Eisbären in Kanada oder bei anderen Schneemotiven, nur umgekehrt. Während Schneemotive zu dunkel auf dem Diafilm erscheinen, werden dunkle Motive zu hell wiedergegeben. Also ist es ratsam, Schimpansen, Gorillas oder etwa auch Kaffernbüffel, etwas knapper zu belichten, damit die Schwärzung des Felles nicht zu einem Grau wird.

Die Gewinner

Löwen trifft man in Ostafrikas Nationalparks fast überall an. Sie – und die Hyänen – sind die Gewinner des Parksystems. Sie erreichen hier eine Populationsdichte, die sie ohne Parks wohl nie bekommen würden. Im Gebiet von Bilaschaka etwa, in der nördlichen Masai Mara, in der Nähe des Governors Camp ist immer ein Rudel Löwen anzutreffen, weil dieser Wald- und Buschstreifen immer ein guter Jagdgrund ist mit seinen tiefen Gräben, Gewässern und umgebender offenen Landschaft. Vor einigen Jahren allerdings kamen im Dezember wegen der Trockenheit so viele Kaffernbüffel und Zebras hierher, dass die Löwen mit dem Töten überhaupt nicht nachkamen. Das ganze Gebiet war übersät mit toten und halb gefressenen Tieren, so dass wir Bilaschaka in »Metzgerei« umtauften. Interessanterweise wurde nur noch Zebrafleisch gefressen – anscheinend schmeckt es wesentlich besser als Büffelfleisch.

unten: 4.0/300 mm,
Sensia-100, Autoscheibenstativ.
drei Bilder links: 4.0/600 mm,
Sensia-100, Autoscheibenstativ.

Ein Löwe hat Probleme einen Kaffernbüffel alleine zu erbeuten. Zu zweit ist es schon einfacher. Der Gesichtsausdruck des Büffels sagt schon alles aus.

121

links: 4.0/600 mm, Velvia-50, Autoscheibenstativ.
unten: 4.0/300, Velvia-50, Autoscheibenstativ.

Wenn Löwen sich paaren, dann tun sie das ausgiebig und nicht weniger als 30- bis 40-mal an einem Vormittag. Mir fiel auf, dass zuschauenden männlichen Touristen dabei vor Neid manchmal die Tränen in die Augen kamen.

unten: 4.0/600 mm, Velvia-50, Autoscheibenstativ.
rechts: 4.0/500 mm, Kodachrome 64, Autoscheibenstativ.

Notizen aus der Masai Mara

Löwen, die einfach so schlafen, sind langweilig – und sie schlafen meistens. Wenn schon, dann sollten sie so fotogen da liegen, wie hier oben einer auf einem Felsen in der Serengeti. Fotografisch am ergiebigsten sind immer Szenen, wo etwas passiert, wie etwa bei der Paarung auf der vorherigen Seite oder bei dem sehr emotionalen Bild von der Mutter mit Kind links. Solche Momente sind es, auf die der Naturfotograf wartet: Das Löwenkind strich unter dem Kopf der Mutter her, wie es alle Katzenkinder gerne tun, und die Mutter erfüllt es mit sichtbarem Behagen. Die Situation dauerte nur eine Sekunde und ist eine typische Fotosituation. Man kann dies nicht filmen und auch so nicht sehen und erkennen, weil es zu schnell vorbeigeht. Nur die Fotografie kann solche Momente in der Natur sichtbar machen, das ist ihre Stärke und macht sie einmalig und nicht mit anderen Künsten oder Medien austauschbar.

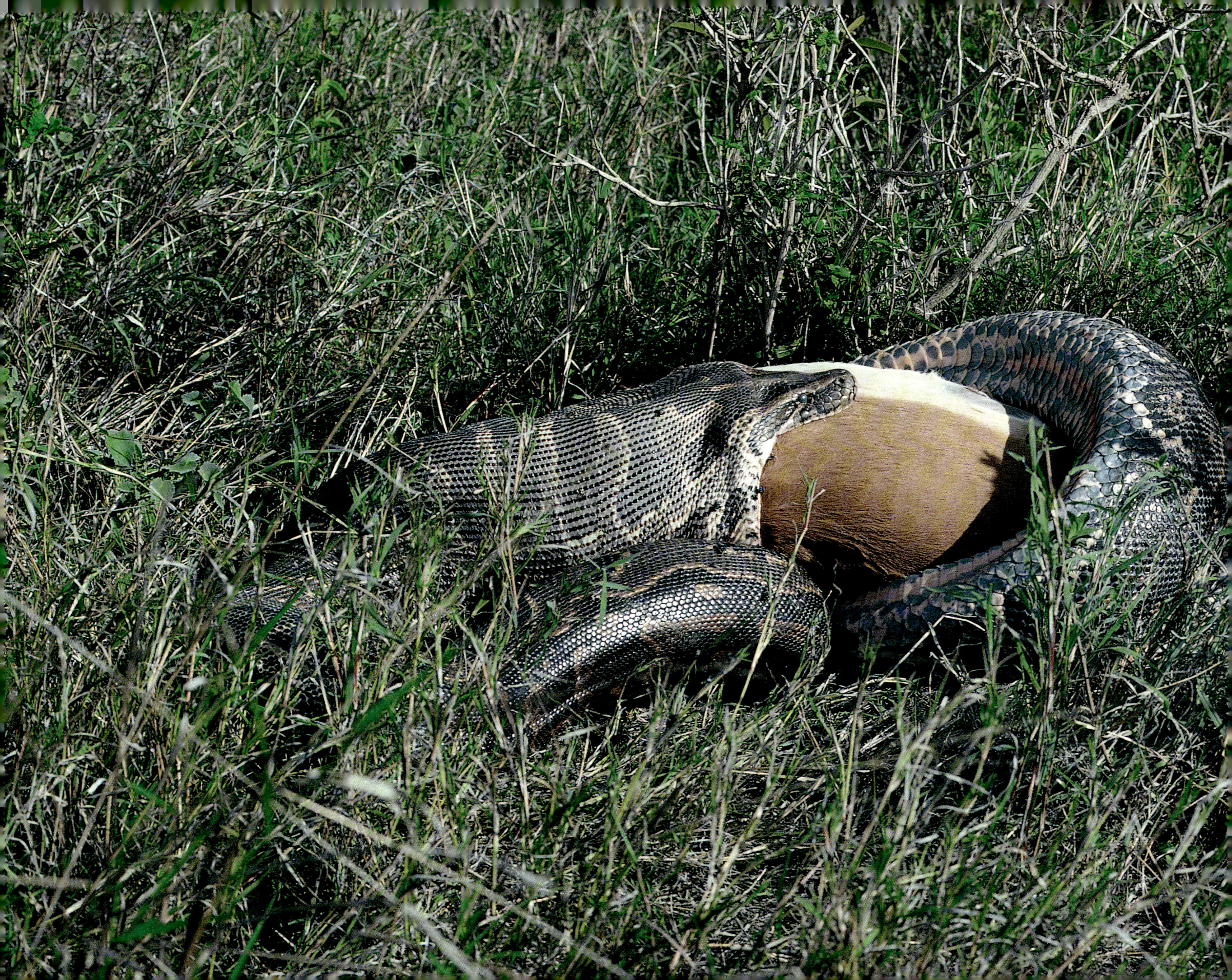

Mahlzeit

Felsenpythons gehören in die Familie der Riesenschlangen, die gegen Ende der Kreidezeit entstanden ist. Sie können Menschen durchaus gefährlich werden, und es sind Berichte verbürgt, dass sie welche angefallen und verschlungen haben.

Felsenpythons können recht große Tiere erbeuten und verspeisen. Dieser hier hatte im Nairobi Nationalpark in der Nacht eine ausgewachsene Impala-Antilope erbeutet und lag direkt neben ihr, als wir die beiden am Morgen in aller Frühe entdeckten. Wir blieben in respektvoller Entfernung stehen und warteten, was wohl passieren würde. Nach etwa zwei Stunden fing die Schlange an, vom Kopf her das Beutetier zu fressen. Sie kann Ober- und Unterkiefer aus den Gelenken lösen – wie man auf dem Foto auf dieser Seite unten links auch schön sehen kann – und dadurch die riesige Beute überhaupt erst verschlingen. Wenn sie so ein großes Beutetier verschlungen hat wie dieses hier, kann sie anschließend viele Wochen fasten. Felsenpythons fressen überhaupt nur recht wenig: pro Jahr nicht mehr als ihr Eigengewicht. Unser Python hier brauchte etwa fünf Stunden, bis er das Impala ganz verschlungen hatte und von der Beute nichts mehr zu sehen war.

4,0/80-200 mm, Kodachrome 64, Stativ.

Warten

Flusspferde und Kaffernbüffel sind die – für Menschen – gefährlichsten Tiere in Afrika. Durch sie sterben mehr als durch Löwen, Leoparden und Giftschlangen. Wenn sie in Panik geraten oder sich bedroht fühlen, dann rennen sie einfach los. Und wenn eine Herde Kaffernbüffel losrennt oder eine Gruppe Flusspferde, dann ist es nicht ratsam, dort zu stehen, wo diese Tiere hinwollen. Sie weichen nicht aus – und wenn einige dieser Kolosse über einen Menschen hinweg gerannt sind, bleibt nicht viel übrig.

Für einen Fotografen bedeuten Flusspferde mal wieder das Übliche: warten. Sie liegen tagsüber meistens dösend im Wasser und es passiert oft über Stunden überhaupt nichts. Nur ein Kopf taucht ab und zu auf und nach einiger Zeit erkennt man dann, dass dort insgesamt wohl zwei Dutzend »Hippos« liegen müssen.

Da diese Szene mit Flusspferd und Reiher (nächste Seite) sich am anderen Ufer abspielte, musste ich alles an Brennweite einsetzen, was ich »zusammenkratzen« konnte, und das war mein 600er mit einem 2x Konverter, also stolze 1200 mm Brennweite. Die reichte dann, um diese Szene formatfüllend abzulichten.

rechts: 3,5/400 mm, 2 x Konverter, Sensia-100, Autoscheibenstativ, Masai Mara, Kenia.
ganz rechts: 4,0/600 mm, 2 x Konverter, Sensia-100, Autoscheibenstativ, Masai Mara, Kenia.

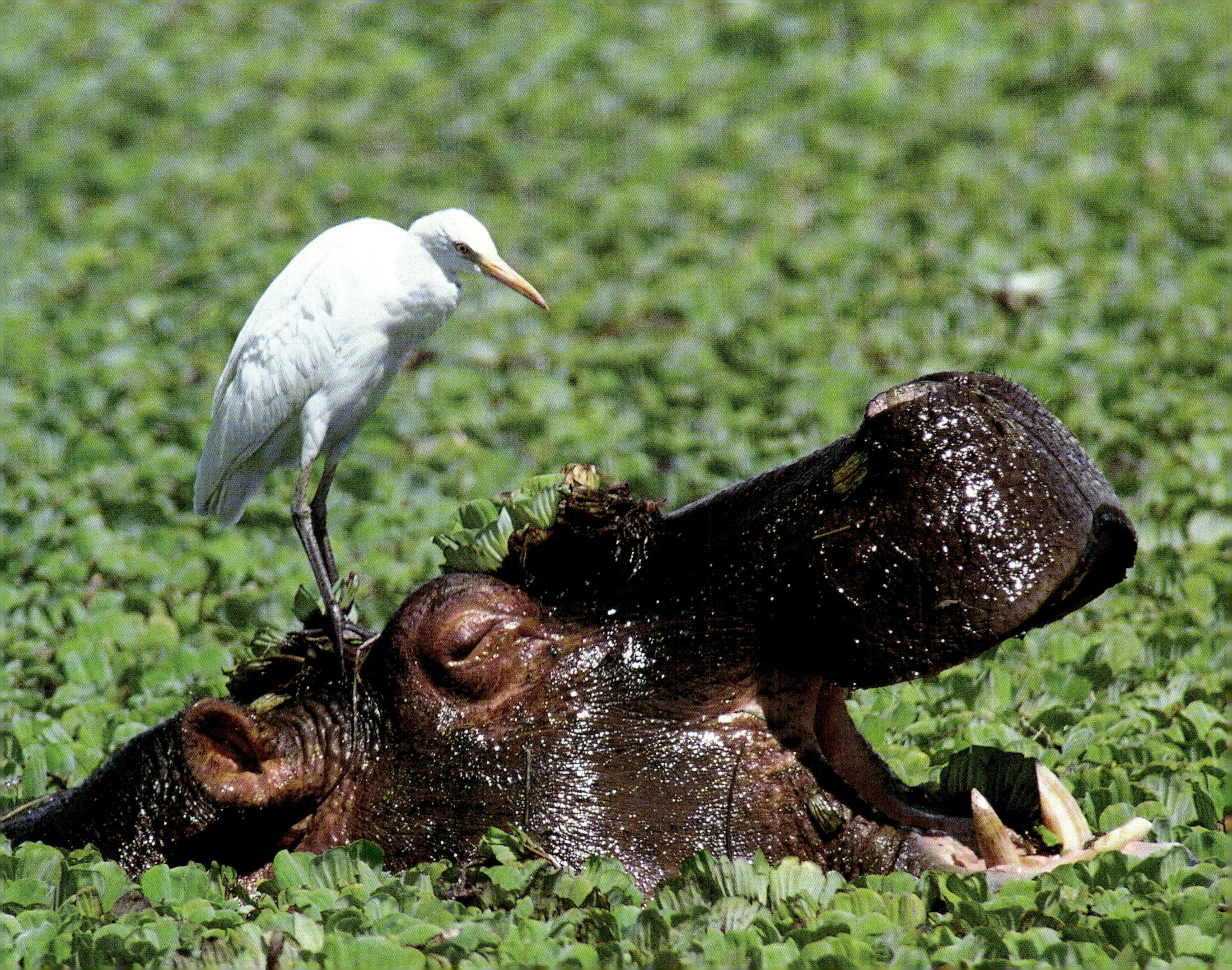

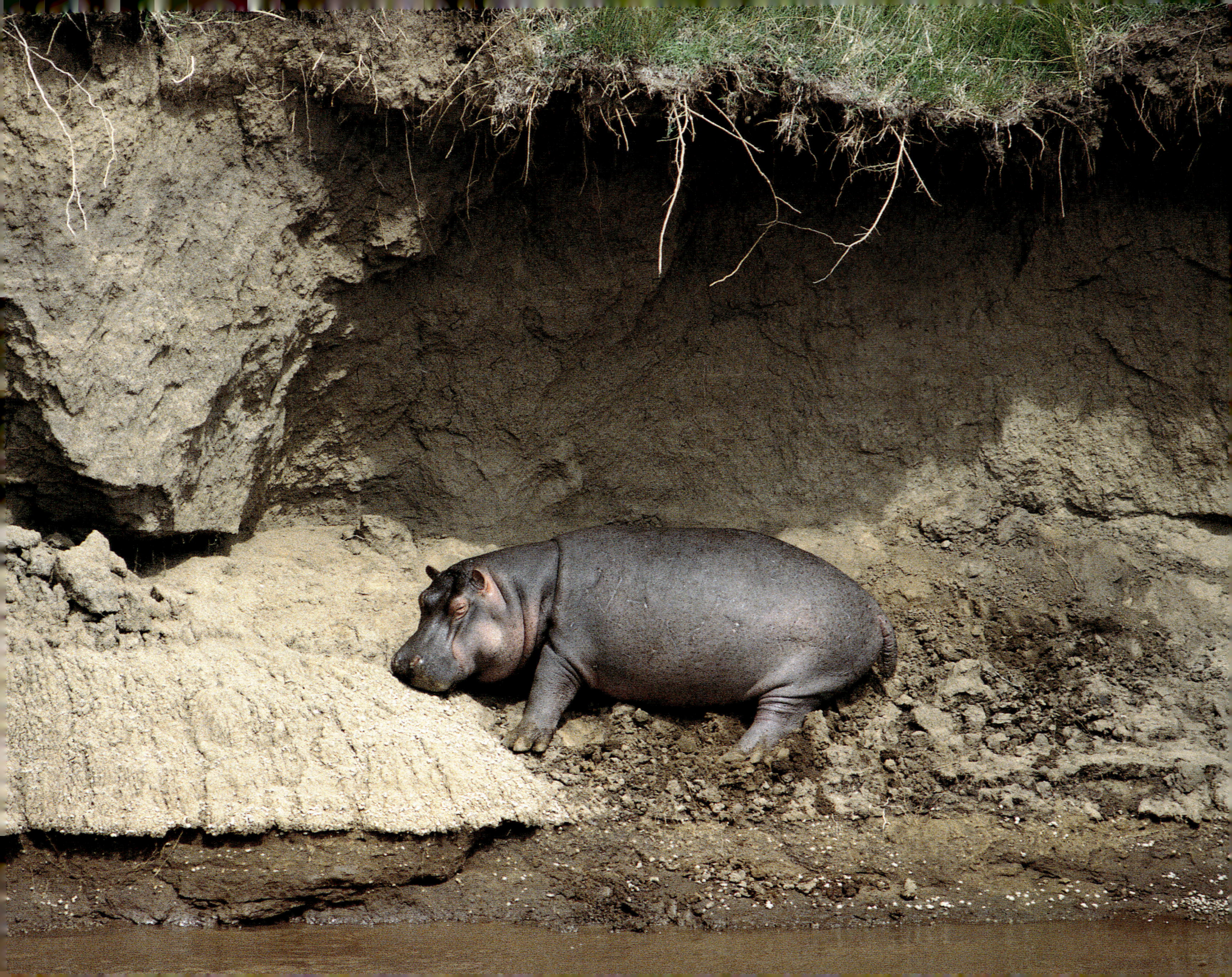

Die Imposanten

Flusspferde sind durch ihren nicht sehr eleganten Körperbau und die gedrungene Gestalt wohl kaum mit anderen Tieren zu verwechseln. Diese Pflanzenfresser waren früher in Afrika weit verbreitet und sind heute durch Bejagung und Kultivierung aus weiten Teilen des Kontinents verschwunden. In Nationalparks mit Flüssen und Seen trifft man sie aber noch an. Ihr Lebensrhythmus ist einfach: Tagsüber liegen sie im Wasser oder auf Landzungen an Ufern und nachts weiden sie an Land. Wenn man Glück hat und es sind kühle Morgenstunden, dann sieht man sie oft noch ein bis zwei Stunden nach Sonnenaufgang außerhalb der Uferzonen.

Besonders eindrucksvoll ist es immer wieder, in das aufgerissene Maul eines Flusspferdes zu sehen. Leider wirkt dies auf Fotos meistens lange nicht so imposant wie in Wirklichkeit, weil der Fotograf fast immer oben von der Böschung nach unten fotografiert, und diese Perspektive nimmt der Situation viel von ihrer Wucht und dramatischen Wirkung. Daher wartete ich schon seit Jahren darauf, einmal eine Stelle zu finden, wo bessere Möglichkeiten wären, um eindrucksvolle Bilder zu bekommen. Die bot sich nun eines Tages unerwartet in der Serengeti im Seronera-Tal. Dort hatte man kurz vor der Lodge einen Bach durch eine etwa einen Meter hohe Mauer aufgestaut und dahinter war dadurch ein kleiner See entstanden. Auf dieser Seite führte nun der Weg zur Seronera-Lodge direkt an der Mauer vorbei und auf der anderen Seite lagen die Flusspferde im Wasser – direkt in Augenhöhe. Das alles zum unfassbaren Glück des Fotografen, der überhaupt nicht begreifen konnte, dass es auch mal etwas gab, das gut für die Aufnahmen war, und nicht nur immer etwas, das sie ruiniert. Das gab die einmalige Gelegenheit, Hippos aus der Nähe und aus gleicher Höhe mit dramatischer Wirkung direkt ins Maul zu fotografieren.

unten: 4,0/500 mm, Sensia-100, Autoscheibenstativ.
links: 4,0/300 mm, Fujichrome-100, Autoscheibenstativ, Mara-Fluss.

An der Schwelle

Paviane sind intelligent, viel intelligenter als die meisten Säugetiere. Ihnen möchte ich zutrauen, dass sie entwicklungsgeschichtlich an der Schwelle zu einem Bewusstsein stehen. Sie sind nicht ganz so weit wie etwa Schimpansen, aber kommen doch schon beeindruckend nahe. Es dauert sicher nicht mehr lange – vielleicht 1 bis 2 Millionen Jahre – dann werden sie ein Bewusstsein haben. Das klingt lange, ist aber in Erdenzeit gemessen ein Wimpernschlag.

Professionelles Fotografieren in Afrika ist etwas anderes als auf einer Urlaubssafari mal eben für zehn Minuten bei Pavianen stehen zu bleiben. Man verbringt manchmal den ganzen Tag bei einer Gruppe von 30 bis 50 Pavianen, und das vielleicht eine Woche jeden Tag: Nur so kann ihr Verhalten sehr aufmerksam beobachtet werden. Dabei macht man immer wieder erstaunliche Beobachtungen, die einem die Sonderstellung von großen Affenarten bezüglich Intelligenz und Denkvermögen im Tierreich sehr klar vor Augen führt.

Alleine wie ein Pavian auf ein 500-mm-Objektiv reagiert, das aus dem Wagenfenster ragt, ist – für mich – ausgesprochen irritierend. Er ignoriert es nicht wie die meisten Tiere in Afrika oder hat Angst davor, wie viele Tiere in Europa, sondern man sieht ihm richtig an, wie er das Objektiv entdeckt, einschätzt, analysiert und bewertet. Man kann dies wirklich an seinen Augen und seinem Gesichtsausdruck erkennen. In solchen Momenten empfinde ich den biologischen Abstand zwischen uns und diesen Arten als – fast – nicht vorhanden.

Dazu passte auch die Begegnung mit dem Pavianmännchen auf dem Bild oben, der Gliedmaße einer Antilope verzehrte. Er gab mir zu verstehen, dass seine Behaglichkeitszone 30 Meter betrug. Immer wenn ich näher fahren wollte für technisch bessere Bilder, ging er entsprechend zurück. Er lief nicht fort wie ein »normales« Säugetier, sondern bestand einfach auf diese Distanz. Daher musste ich zum 600er noch den 1,4x Konverter nehmen, was ich nur ungerne tue, weil die Bilder dadurch technisch nicht unbedingt besser werden. Dieser Pavian benahm sich mit seiner Nahrung genau so, wie ein Oktoberfest-Besucher mit seinem Eisbein auch – es in beide Hände haltend und dann die Zähne hineinschlagend. 5 Millionen Jahre Evolution waren in dieser Fotosession für mich wie weggewischt.

oben: 4,0/600 mm mit 1,4 x Konverter = 5,6/840 mm, Fujichrome-100, Autoscheibenstativ, Masai Mara.
rechts: 4,0/500 mm, Fujichrome-100, Autoscheibenstativ, Masai Mara.

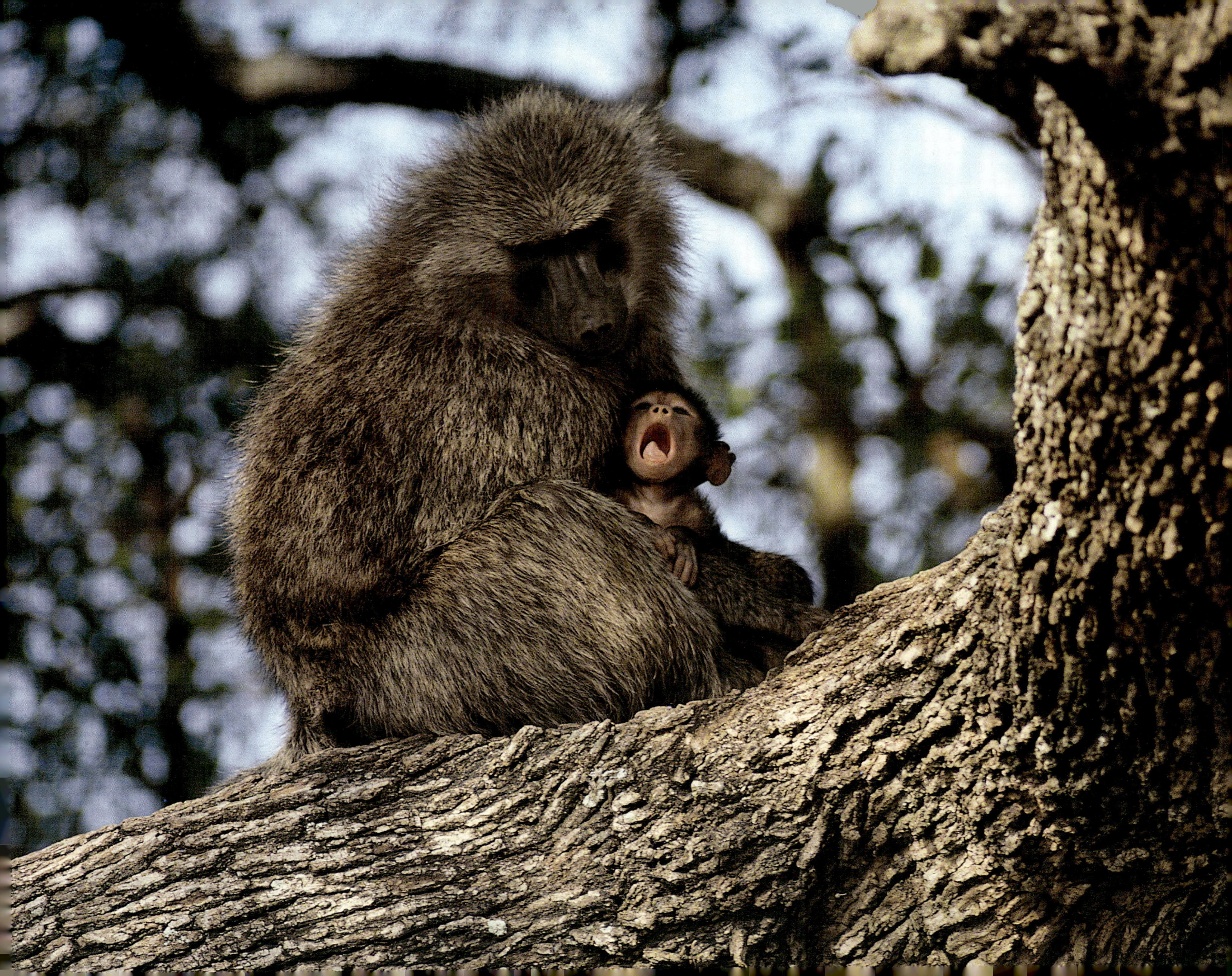

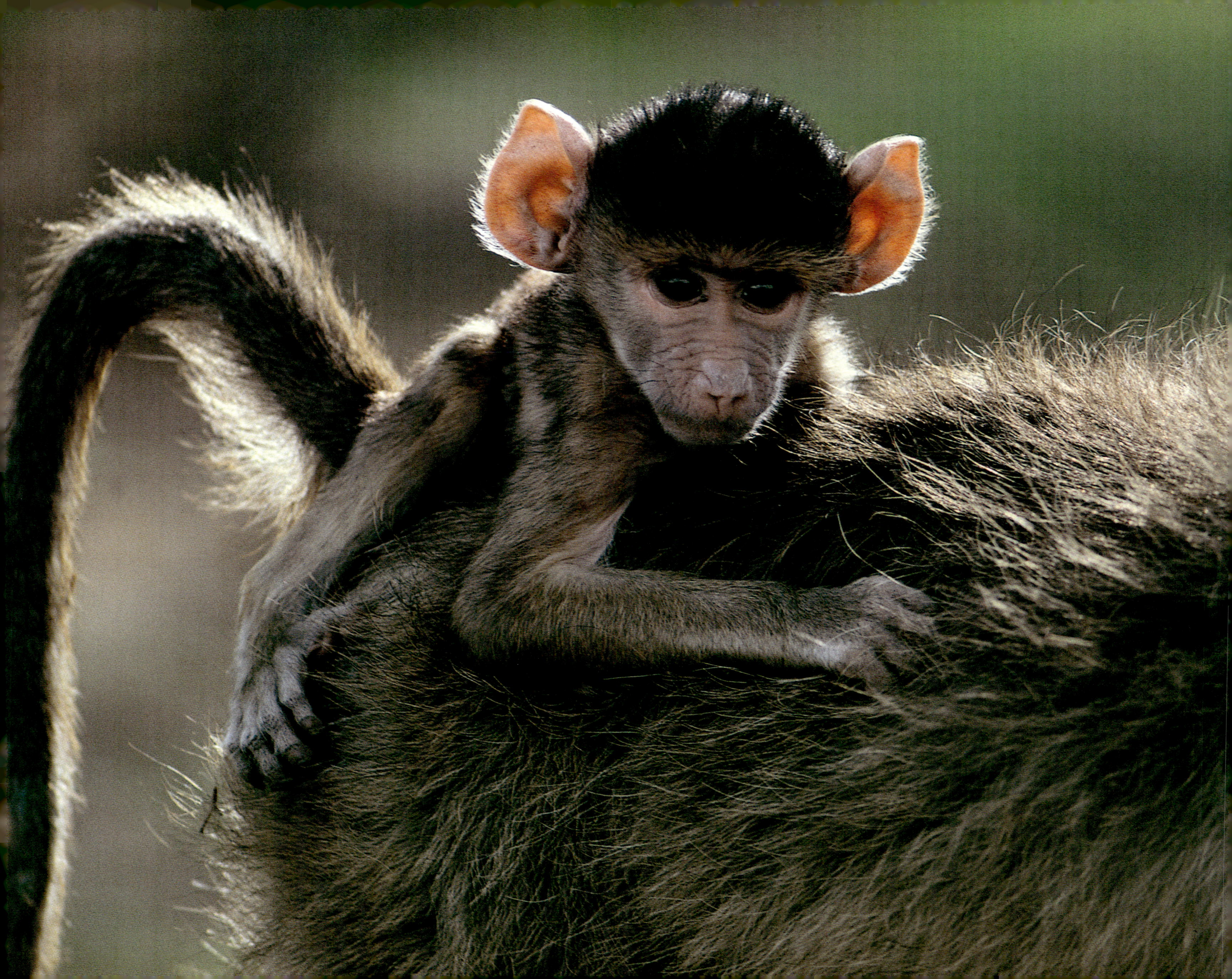

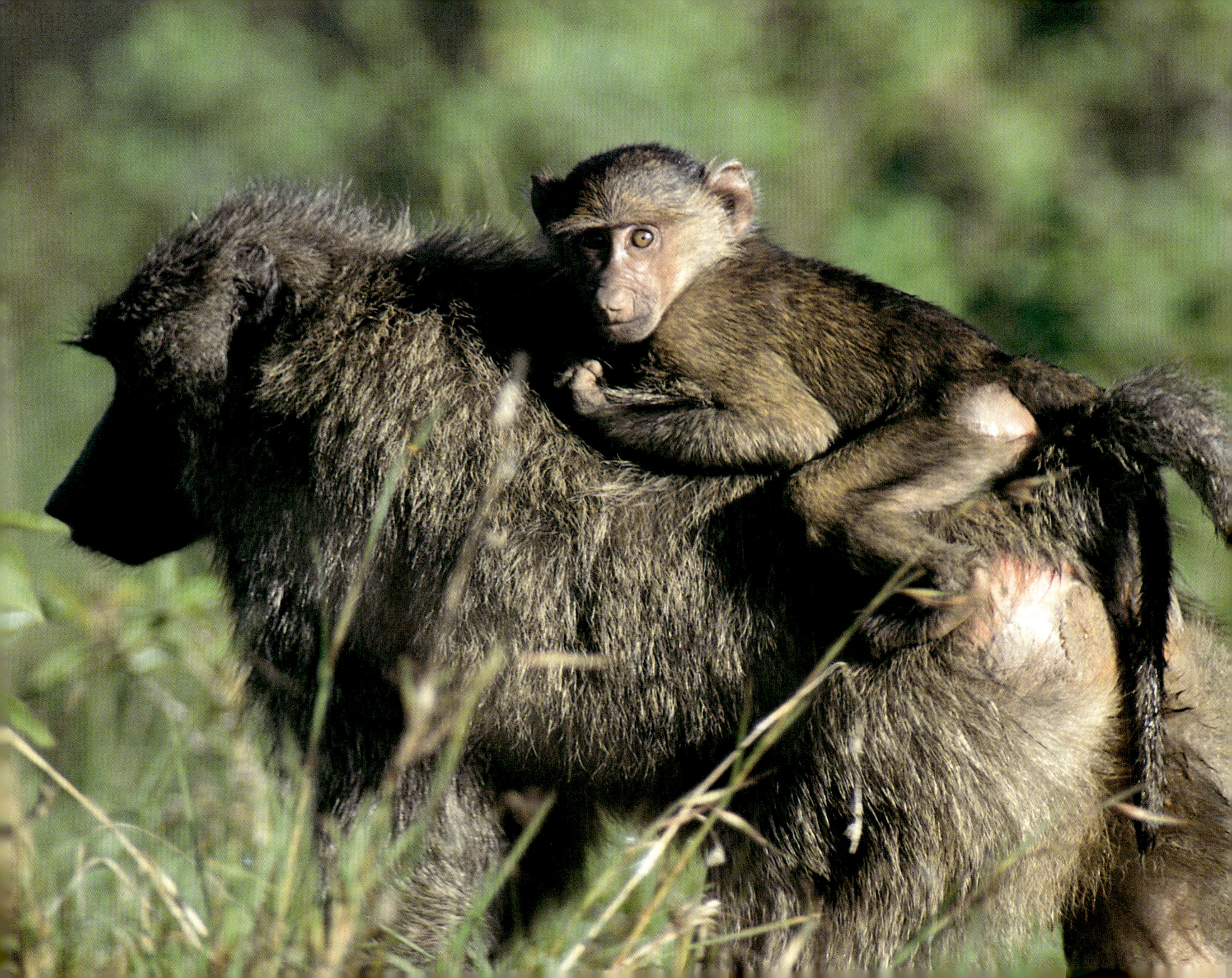

Die Sprinter

Geparde sind die schnellsten Landsäugetiere mit ungefähr 110 Kilometer in der Stunde. Allerdings nur auf der Kurzstrecke. Wenn sie ihre Beute nicht nach wenigen hundert Metern erreicht haben, müssen sie aufgeben. Diese Sprintjagd erschöpft sie so sehr, dass sie nachher oft Minuten neben der Beute liegen um sich zu erholen, bevor sie anfangen zu fressen oder die Jungen holen.

110 km/h sind natürlich geschätzt. Wie schnell Cheetah wirklich ist – wie will man es feststellen? Man hat Vorschläge gemacht, mit einem schnellen Wagen neben ihr her zu fahren. Aber wer weiß dann, ob sie wirklich so schnell läuft wie möglich, oder ob eben dieser Gepard nicht ein langsames Exemplar ist? Oder sollte man Fressen irgendwo befestigen um dann zu sehen, wie lange der Gepard braucht um dahin zu kommen? Aber wie hungrig ist er, läuft er wirklich so schnell, wie er kann, oder wird er noch wesentlich schneller, wenn ihn ein Hyänenrudel verfolgt? In welchem Alter ist er am schnellsten, sind Männchen schneller als Weibchen, und wie will man einen Geparden wirklich dazu bringen, mit seiner absoluten Höchstgeschwindigkeit zu rennen?

Wunsch und Wirklichkeit: Wir Menschen lieben Geparde, sie sind die beliebtesten Tiere der afrikanischen Savanne. Sie sind schön, elegant und friedlich. Noch nie hat ein Gepard in der bekannten Geschichte der Menschheit einen Menschen getötet. Löwen und Leoparden dagegen schon oft. Ihr Anblick darf auf keiner Safari fehlen. Alle Touristen sind immer begeistert und schwärmen nachher in der Lodge oder im Camp davon, wenn sie auf der Pirschfahrt einen Gepard oder eine Gepardin mit Jungen getroffen haben.

Die Tiere der Savanne sehen dies etwas anders. Eine Gepardin, die Junge hat, kann einen ganzen Landstrich von allen kleinen Antilopen entvölkern und auch fast alle trächtigen Antilopen erbeuten. Manche Gepardin schlägt am Tage bis zu acht kleine Antilopen. Sie schaut einfach, wo eine Mutterantilope mit ihrem Kind steht und läuft dann langsam dorthin. Die Antilope wird ihr Kind verlassen, sobald die Gepardin näher kommt, und die kleine Antilope wird sich auf den Boden drücken. Dort braucht die Gepardin sie dann nur aufzunehmen, zu fressen oder den Jungen zu bringen.

Ein friedliches, ein idyllisches, ein traumhaftes Bild ... für uns Menschen, wenn wir zur frühen Morgenstunde im Land Rover losfahren und diese Gepardin mit ihren vier Kindern auf einem Termitenhügel liegend vorfinden. Die anderen Lebewesen in diesem ostafrikanischen Wildschutzgebiet finden das Bild eher erschreckend: Denn fünf Geparde bedeuten für viele Antilopen und Gazellen Tod und Verderben.

5,6/400 mm, Kodachrome 64,
Autoscheibenstativ.
Masai Mara, Kenia.

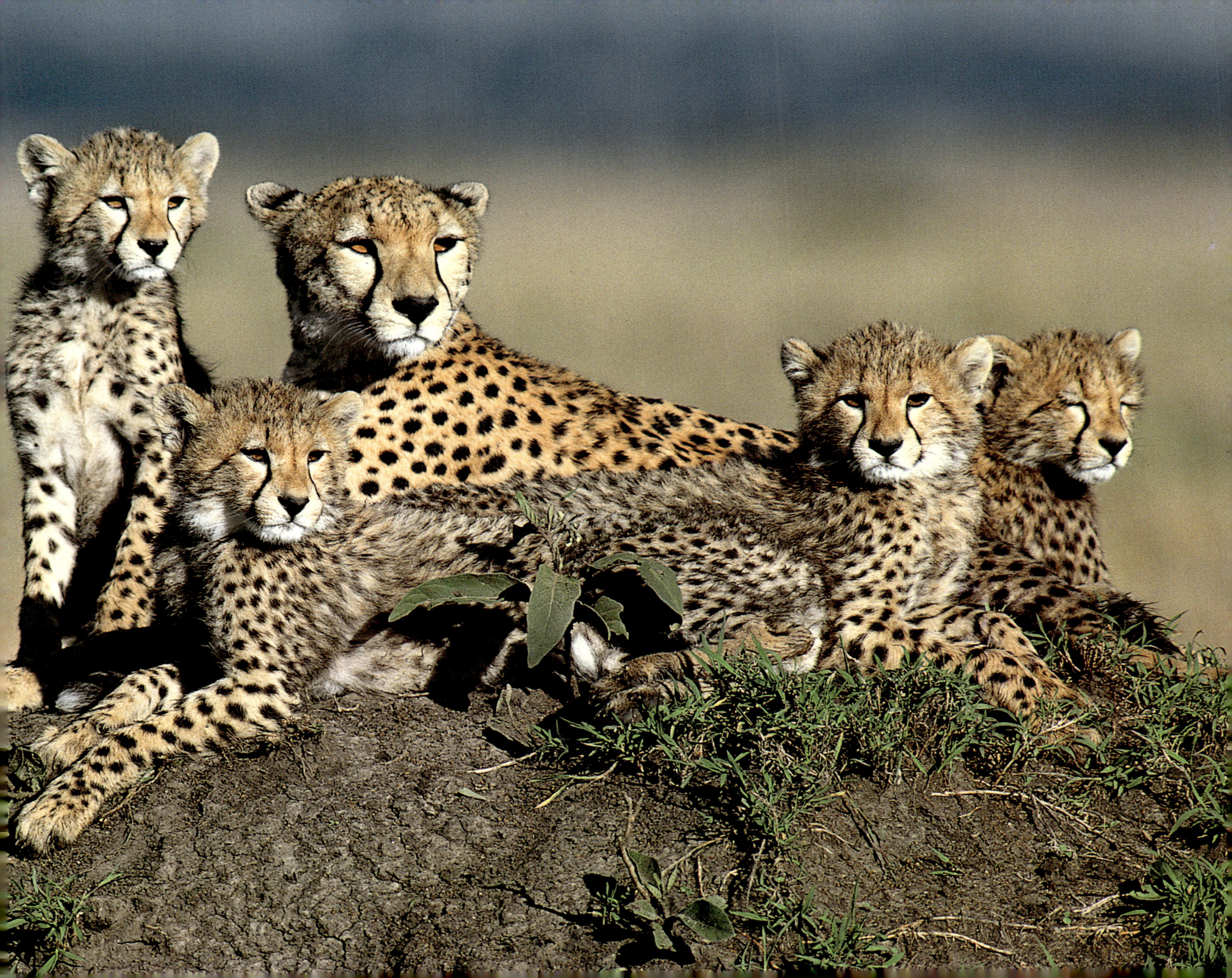

Auf der Jagd geht ein Gepard natürlich den Weg des geringsten Widerstandes, den einfachsten Weg, den leichtesten Weg oder den Erfolg versprechendsten Weg – wie jeder und alle. Wenn die Gepardin also eine ausgewachsene Antilope jagt, bevorzugt sie trächtige Weibchen. Das klingt für Menschen gemein und brutal, macht für die Gepardin aber durchaus Sinn: Eine trächtige Antilope ist schwerer und langsamer als eine nicht trächtige Antilope, also leichter, ungefährlicher und mit weniger Kraft, Aufwand und Geschwindigkeit zu erjagen. Das Leben in der Savanne ist nicht human, schön und elegant, es ist nur großartig und toll, wenn man im Land Rover sitzt und es sich von weitem ansieht.

Wie hier links und auf der vorherigen Seite zu sehen, lieben es Geparde, auf Termitenhügeln zu liegen. Von dort können sie alle Feinde schon von weitem kommen sehen oder aber Beute auf große Entfernung erkennen. Eine Gepardin in der Masai Mara hatte entdeckt, dass der Kühler eines Land Rovers oder Jeeps genau so gut war wie ein Termitenhügel. Daher saß sie oft lange, sehr lange dort – zum ausgesprochenen Vergnügen der Touristen – und hielt nach Beute Ausschau. Weil sie dies so königlich machte, haben wir sie »Queen« getauft. Fast alle Fotos und fast alle Filmszenen, die Sie irgendwo in Zeitschriften, Büchern oder im Fernsehen zu sehen bekommen und wo eine Gepardin – alleine oder mit ihren Kindern – auf einer Kühlerhaube sitzt, ist Queen. Sie ist die einzige wilde und frei lebende Gepardin in Ostafrika, die dieses Verhalten kultiviert hat.

links und rechts:
4.0/300 mm, Fujichrome Velvia, Autoscheibenstativ, Masai Mara.

Notizen aus der Masai Mara

Hier links sehen Sie eine meiner schönsten Gepard-Aufnahmen, voller Friede, Emotionen und Überraschung. Diese Gepardin hatte nur ein Kleines behalten, die anderen beiden waren in den ersten Lebenswochen verschwunden, ob von Feinden gefressen oder an Krankheiten gestorben war nicht klargeworden. Für dieses übrig gebliebene Kind sorgte die Mutter aber mit aller Fürsorge, und eines Morgens, als beide noch am Schlafplatz lagen, wollte die Mutter noch nicht mit der Tagesarbeit – Beute machen – beginnen, das Kleine war aber schon rege. Plötzlich kreiste ein Insektenschwarm über den Köpfen der beiden Geparde und der kleine Gepard schaute verwundert und erstaunt zu diesem Phänomen, das er noch nie vorher in seinem kurzen Leben gesehen hatte. Die ganze Szene dauerte nur etwa 10 Sekunden, dann war alles vorbei und die »allein erziehende Mutter« begab sich auf die Jagd, um ein Frühstück für die Kleinfamilie zu besorgen.

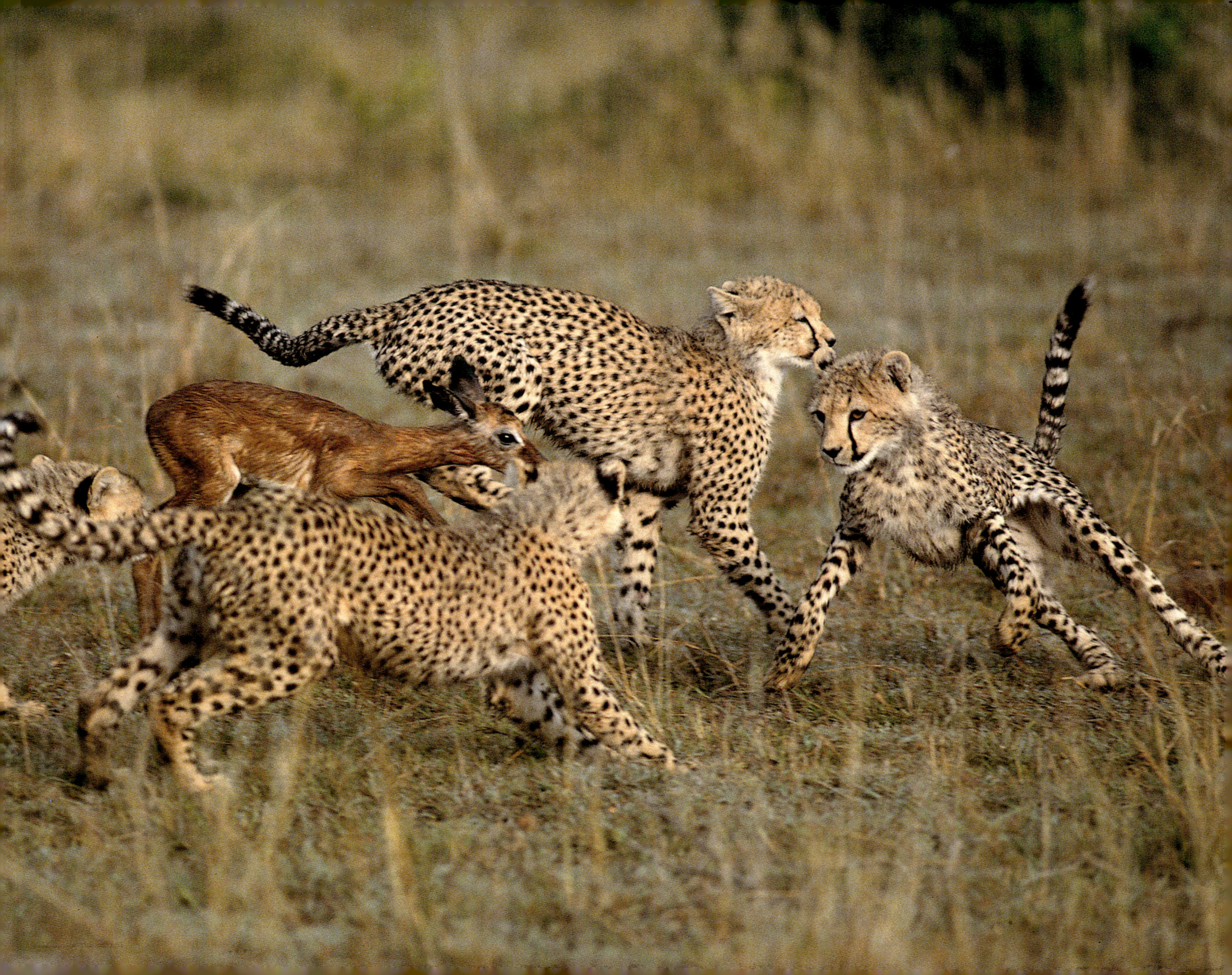

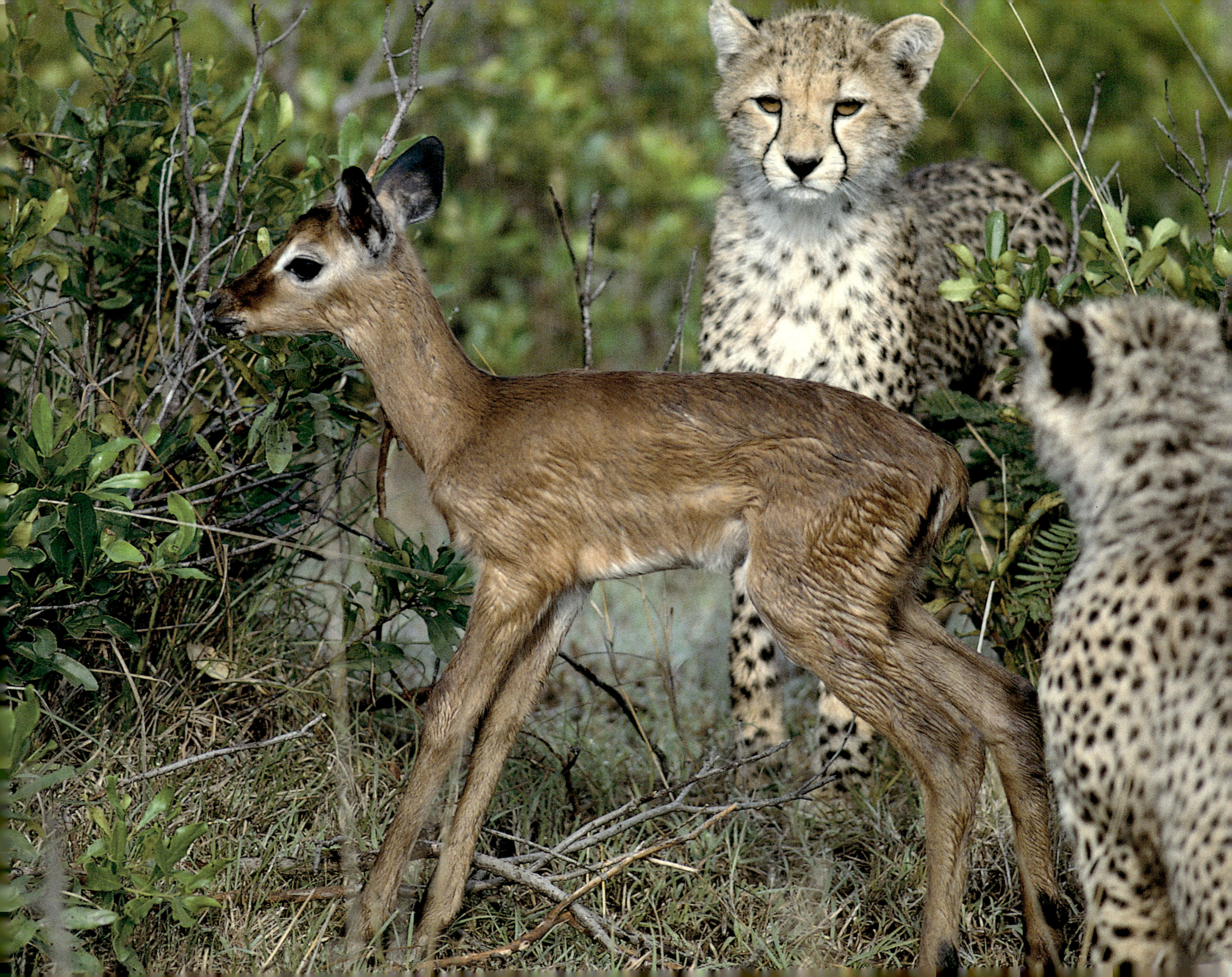

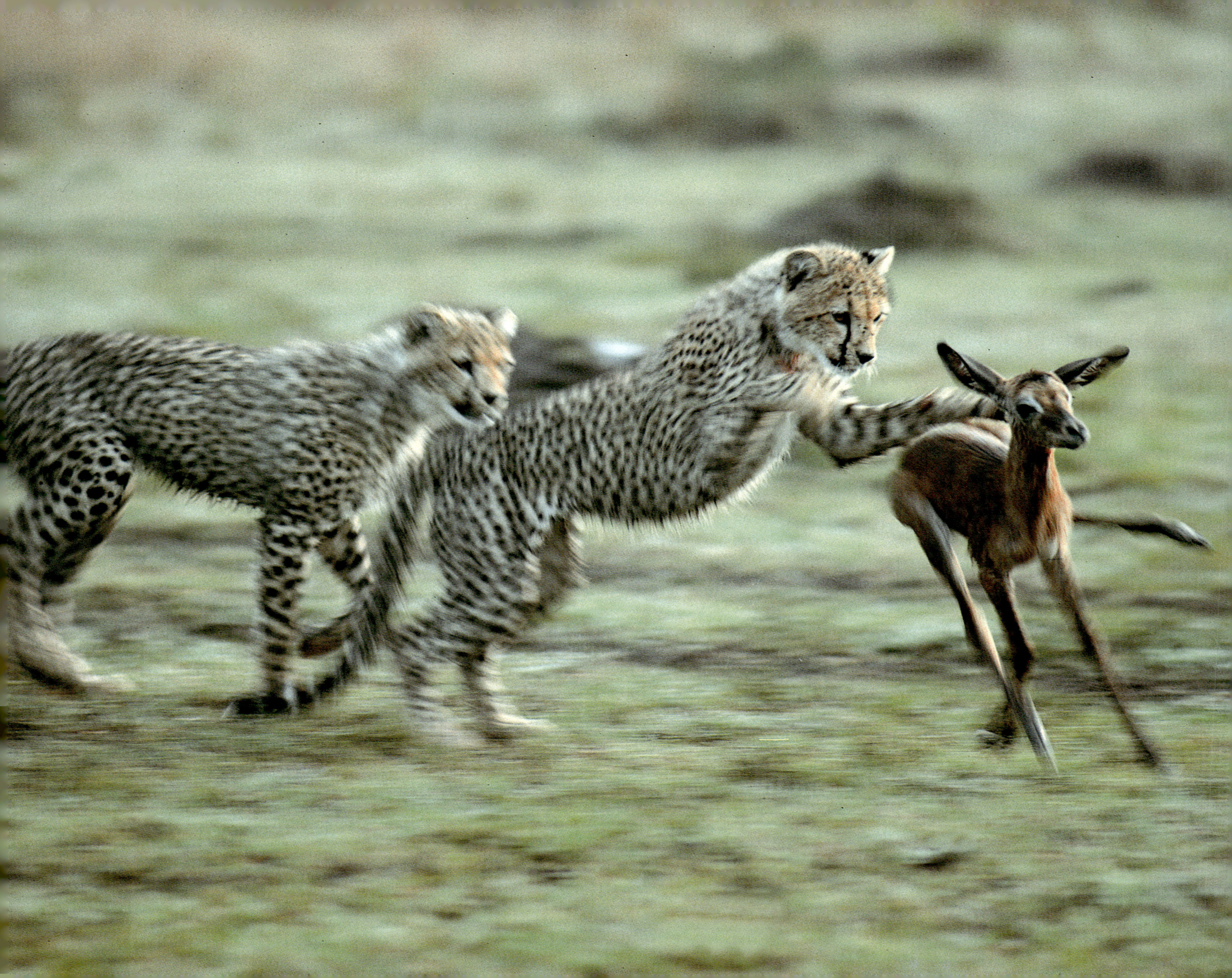

Rechts oben der entscheidende Moment: Wenn die Gepardin nahe genug an ihrer Beute ist, streckt sie eine Tatze vor und reißt der Gazelle oder Antilope so die Hinterbeine weg, damit diese zu Fall kommt. Dann beißt sie sich im Hals des Opfers fest und erstickt es. Hier oben rechts erbeutet die Gepardin eben eine – hochträchtige – Thomsongazelle. Unten sieht man dann, wie sie zu der auf dem Rücken liegenden, durch das hohe Tempo noch einige Meter über den Boden rutschenden Beute geht, um sie zu ersticken.

Planung: Unten rechts hat die Gepardin eine Thomsongazelle erbeutet, und dass sie diese nicht am Hals fasst und erwürgt, sondern (vorsichtig) am Kopf festhält, zeigt, dass sie Besonderes vorhat mit diesem Tier: Es soll als Übungsobjekt dienen für ihre eigenen Kinder. Sie wird die Gazelle bei ihren drei Kindern freilassen; diese werden sie dann spielerisch jagen und wieder erbeuten, und so die für ihr späteres, eigenes Leben notwendigen Jagdtechniken erlernen. Mit dem jungen Impala (Seite 138) spielten die kleinen Geparde zwei

Stunden, bevor Mutter Gepardin es tötete und alle fünf das kleine Impala auffraßen. Das klingt alles sehr grausam, aber so ist das Leben im Tierreich, jenseits der Hochglanzprospekte.

vier Bilder oben: 4,0/600 mm, Ektachrome-Panther, Autoscheibenstativ, Masai Mara.
Seite 140: 4,0/300 mm, Fujichrome-100, Masai Mara.

Vogelvielfalt

Kenia alleine beherbergt schon ungefähr 1100 Vogelarten. Afrika ist also ein Traum für jeden Vogelfreund und auch für jeden Naturfotografen. Allerdings sind hier schon lange Brennweiten – meistens sogar noch mit Konverter – notwendig, wenn man sie einigermaßen adäquat ablichten will. Man stellt sich oft nicht vor, wie klein ein Vogel wirklich ist. Wenn für eine Gazelle oder einen Büffel aus 10 bis 20 Meter Entfernung ein 300- bis 400-mm-Objektiv reicht, müsste man mit dem gleichen Objektiv schon bis auf 1 bis 2 m bei einem Vogel herangehen, was leider kaum möglich ist. Für die Vogelfotografie braucht man ein 500er oder 600er Objektiv – möglichst mit 1,4x Konverter, damit man auf eine echte Brennweite von 700 oder 840 mm kommt.

Ein ungeplanter Glücksschuss war auch diese Eisvogelaufnahme (links oben). Als ich Stunden an einem kleinen Teich wartete, um Scharlachweber zu fotografieren, landete dieser Haubenzwergfischer vor meinem Wagen auf einem dünnen Ast direkt über dem Teich.

Links: Um diesen Schwarzbrustschlangenadler formatfüllend aufnehmen zu können, brauchte ich alles an Brennweite, was vorhanden war.

Diesen Milchuhu entdeckte ich zufällig am Tage, als ich einen Graben nach dem anderen absuchte, ob vielleicht ein Leopard darin schlafen würde.

Es gibt Dutzende von Webervogelarten in Afrika, und es ist immer wieder eindrucksvoll ihre oft riesigen Kolonien mit Hängenestern zu beobachten. Die meisten Arten haben ein gelbliches Gefieder, und daher wollte ich – natürlich – lieber die seltenen roten fotografieren. Ein Nest fand ich schließlich über einem Teich hängend, wo das Männchen am bauen war (Bild rechts unten). Ein Problem bei Vogelaufnahmen ist oft der Hintergrund – so auch hier. Ich musste mit dem Wagen zentimeterweise rangieren, bis ich eine Stelle gefunden hatte, wo der Hintergrund ruhig und nicht störend war.

Links: Auch dieses Bild war ein »Abfallprodukt«: Ich kurvte schon seit vielen Stunden im Gebiet von Bilaschaka in der Masai Mara herum, weil eine Gruppe Löwinnen auf der Zebrajagd war und ich ihnen von einem Busch zum nächsten folgte. Dabei sah ich plötzlich diese Gabelracke fotogen auf einem Kaffernbüffelhorn sitzen.

Seite 142 rechts: 4,0/500 mm, Konverter 1,4x, Sensia-100, Autoscheibenstativ, Masai Mara.
Seite 142 links oben: 4,0/600 mm mit 1,4x Konverter, Fujichrome-100, Autoscheibenstativ. Masai Mara.
Seite 142 links unten: 4,0/600 mm mit 1,4x Konverter, Sensia-100, Autoscheibenstativ, Masai Mara.
diese Seite rechts oben: 3,5/400 mm Velvia-50, Stativ.
diese Seite rechts unten: 4,0/600 mm mit 1,4x Konverter, Fuji-100, Autoscheibenstativ, Masai Mara.
diese Seite links: 4,0/600 mm mit 1,4x Konverter, Sensia-100, Autoscheibenstativ.

Unbekümmert

Madenhacker trifft man in Afrika an vielen Großtieren: Giraffen, Büffel, Gnus, Antilopen und Gazellen, Zebras u. v. m. Nur an Katzen habe ich sie noch nie gesehen. Es hat sicher nichts mit der Größe dieser Tiere zu tun, denn auf einem kleineren Warzenschwein habe ich schon einmal 12 Gelbschnabel-Madenhacker sitzen sehen. Anscheinend mögen Katzen es nicht, dass ihnen die Vögel Zecken und anderes Ungeziefer absuchen, obwohl das durchaus sinnvoll wäre, denn auch die großen Katzen sind Wirt für viele Quälgeister.

In der Masai Mara sieht man meistens Gelbschnabel-Madenhacker und seltener die andere dort vorkommende Art, den Rotschnabel-Madenhacker. Sie sind an den unmöglichsten Stellen der Tiere anzutreffen, und manchmal hängen sie sogar am Penis großer Tiere. Das habe ich schon häufiger gesehen, konnte es aber leider noch nicht adäquat fotografieren. Wenn es mir doch eines Tages gelingen sollte, bin ich jetzt schon gespannt, wer die Bilder veröffentlicht.

Die Madenhacker suchen Tiere nach Insekten ab, trinken aber auch Blut. Häufiger schon habe ich gesehen, dass sie an Wunden sitzen. Einmal (siehe Bild unten links) hatte ein Löwe einen Kaffernbüffel an der Nase gepackt und dort wohl eine Viertelstunde festgehalten, als sich der Büffel doch noch befreien konnte. Die Wunde sah böse aus, und der Büffel stand sichtlich unter Schock durch dieses Erlebnis. Kurze Zeit später kamen zwei Madenhacker angeflogen und landeten immer wieder auf dem Kopf des Büffels, kletterten herunter bis zur Nase und tranken das Blut, das hier herausfloss.

Oben links am Zebraschweif ein Rotschnabel-Madenhacker, die anderen Bilder zeigen Gelbschnabel-Madenhacker. Allgemein ist in Kenia der Rotschnabel-Madenhacker häufiger anzutreffen.

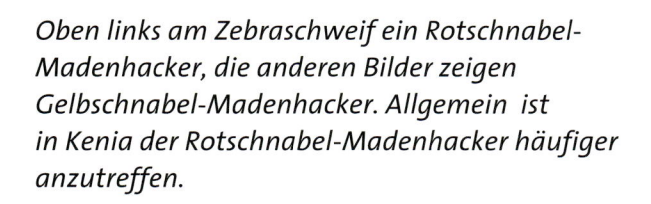

4,0/600 mm, Ektachrome-Panther, Autoscheibenstativ, Masai Mara.

Ein Tier wird kommen

»Stativ« hatten wir dieses große Nilkrokodil getauft, weil es nur drei Beine hatte. Das linke Hinterbein fehlte. Ob es dieses bei einem Kampf oder einem Unfall verloren hatte, konnten wir nicht klären. Aber Stativ schien keine Nachteile durch dieses fehlende Bein zu haben. Es hatte ein besonders günstiges Stück am Marafluss erobert, wo immer zu den Wanderzeiten tausende von Weißbartgnus den Fluss durchquerten und wo es also reichlich und sicher gute Beute gab.

Allerdings sind die Krokodile nicht besonders scharf auf Gnufleisch: Sie erbeuten zwar die Gnus und fressen sie auch, aber Zebras oder Thomsongazellen sind ihnen wesentlich lieber. Wenn eine Gnuherde den Fluss durchquert, lassen sie diese oft unbehelligt ziehen, wenn sie die Chance sehen, an Zebra- oder Gazellenfleisch zu kommen. Die gleiche Beobachtung habe ich auch bei Löwenrudel gemacht. Diese schlagen oft Kaffernbüffel und lassen sie tot, aber unangetastet liegen, wenn sie plötzlich die Chance sehen, ein Zebra zu erbeuten. Anscheinend schmeckt beiden Arten Zebrafleisch wesentlich besser.

Wenn Krokodile Tiere erbeuten, die auf ihren Wanderungen den Marafluss in der Masai Mara durchqueren, so ist das immer sehr dramatisch, aber leider nicht immer auch sehr fotogen. Oft schwimmt das Krokodil einfach hinter dem Topi, der Gazelle, dem Zebra oder dem Weißbartgnu hinterher, taucht unter und zieht von unten das Tier an einem Hinterbein unter Wasser und ertränkt es langsam. Das ist zwar dramatisch, aber die Kamera sieht nichts. Wenn also das Zebra sowieso sterben muss, dann wäre es für Naturfotografen besser, es würde auf eine etwas spektakulärere Art und Weise geschehen. Wenn man im Bild nur den Kopf eines Topi sieht und dann erklärt, dass unter der Wasseroberfläche ein Krokodil am Bein dieses Tieres hängt und versucht es unter Wasser zu ziehen, so macht man damit einen Bildredakteur nicht besonders glücklich.

4,0/600 mm, Sensia-100, Autoscheibenstativ.

Das Krokodil, das wir »Stativ« nannten, hat eine Grantgazelle erbeutet.

Koexistenz

Friedliche Koexistenz gibt es sogar zwischen Krokodilen und ihren Beutetieren. Vor allen am Tage und an Land sind Krokodile friedlicher als bei Nacht und im Wasser. Allerdings würde ich mich einem Krokodil in Afrika auch nicht tagsüber und an Land zu Fuß nähern. An einen Kaiman in Südamerika will ich wohl mit der Kamera auf dem Bauch robbend bis auf drei bis vier Meter herangehen; ebenso an Alligatoren und Spitzkrokodile in Nordamerika. Aber nicht an die Krokodile der Masai Mara. Die sind schnell und gefährlich, die fotografiert man besser aus dem sicheren Auto heraus.

Auch bei Krokodilen erlebt man Sachen, von denen man nicht einmal zu träumen gewagt hätte und die einem niemand glauben würde, wenn es nicht Fotos gäbe: Eines Morgens stand ich mal wieder mit dem Wagen am Mara-Fluss und wartete darauf, dass sich die Wunder der Natur vor meiner Kamera abspielen würden. Krokodile lagen am Uferrand, Flusspferde kamen und gingen, Antilopen waren da und Weißbartgnus, als plötzlich ein Flusspferd auf ein Krokodil zuging, und in zwei Meter Entfernung von ihm stehen blieb. Ich hatte einen neuen Film eingelegt, die Kamera mit dem 600er Objektiv war schussbereit und ich war gerüstet für alles, was jetzt eventuell kommen würde.

Das Flusspferd ging noch näher zum Krokodil und stand jetzt einen Meter vor ihm. Mir war überhaupt nicht klar, was jetzt wohl passieren würde. Das Krokodil konnte zuschnappen oder das Flusspferd konnte abdrehen. Beides passierte nicht. Das Flusspferd kam noch näher und berührte das Krokodil mit der Schnauze. Ein »Kuss« zwischen Flusspferd und Krokodil! Wer hätte davon zu träumen gewagt. Als das Flusspferd das Krokodil »küsste«, dachte ich mir: Jetzt beißt das Krokodil aber zu, warum macht das Flusspferd so gefährliche Sachen? Aber nichts passierte – das Flusspferd drehte nach wenigen Momenten ab, das Krokodil blieb ungerührt liegen und ich hatte ein unglaubliches Foto.

4,0/600 mm, Ektachrome-Panther, Autoscheibenstativ, Mara-Fluss, Masai Mara.

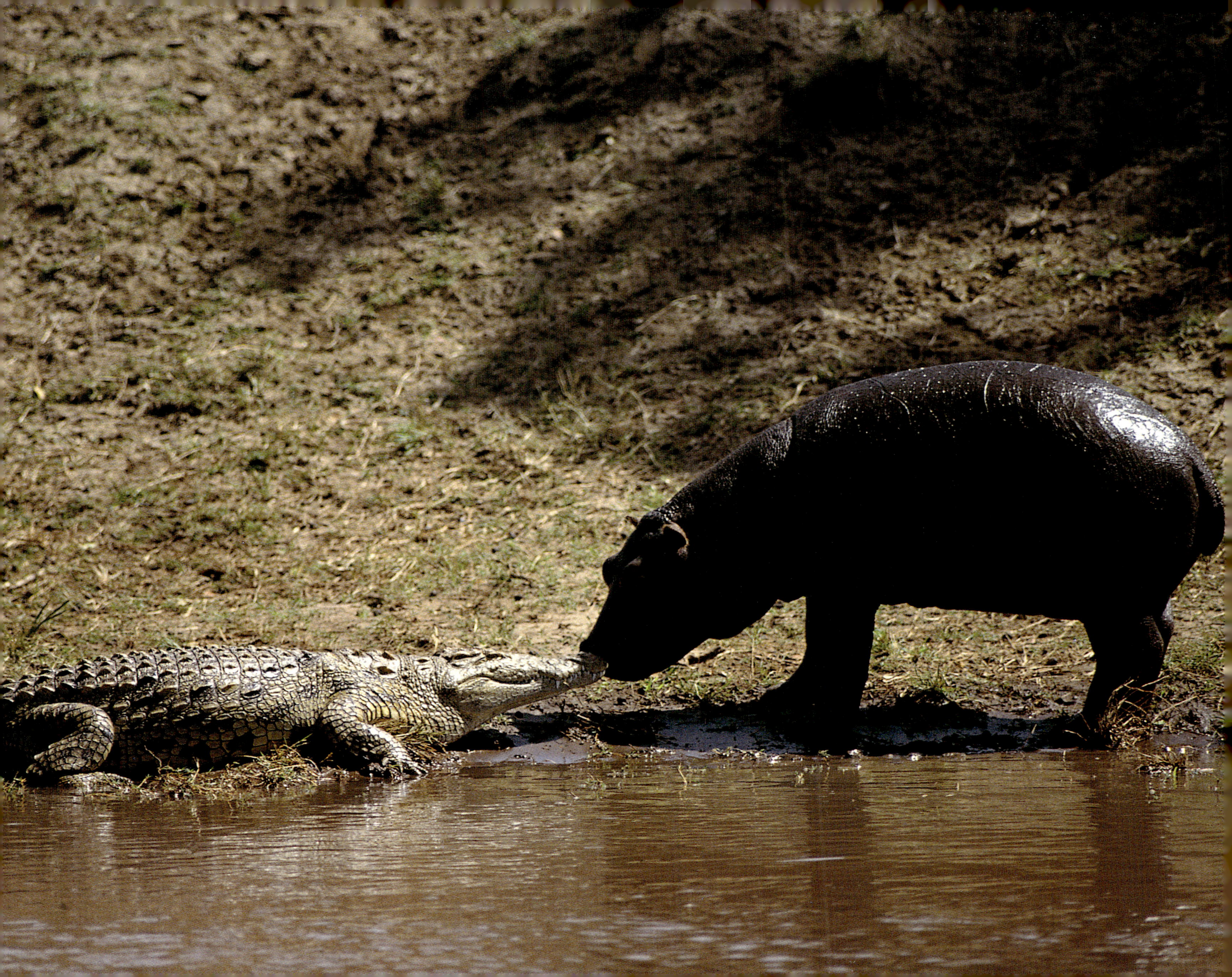

Aufbruch ins gelobte Land

Weißbartgnus gehören zu den wenigen Tierarten, die geradezu dramatisch an Zahl zunehmen. Während man hört und liest, dass überall die Tiere auf dem Rückzug sind und durch Verknappung des Lebensraumes und anderer Umwelteinflüsse immer mehr zurückgedrängt werden, ist die Zahl der Weißbartgnus in der Serengeti in den letzten Jahrzehnten von 300.000 auf 1,5 Millionen gestiegen.

Immer wenn die Serengeti abgegrast ist, machen sie sich in riesigen Wanderzügen auf den Weg und Hunderttausende davon kommen auf die grünen und saftigen Weiden der Masai Mara. Dabei müssen sie den Mara-Fluss durchqueren und dann werden tausende ein Opfer der Krokodile. Das klingt schlimm, hat aber kaum Einfluss auf den Bestand der Gnuherden. Krokodile sind nicht die einzigen Nutznießer: Löwen, Hyänen, Leoparden, Geparde, Geier – viele Tiere leben von den riesigen Herden, und es ist ein gewaltiges Schauspiel, wenn sie in großen Trupps in der Mara ankommen – meistens im Juli/August.

4,0/100-300 mm,
Ektachrome-Panther,
Autoscheibenstativ,
Mara-Fluss.

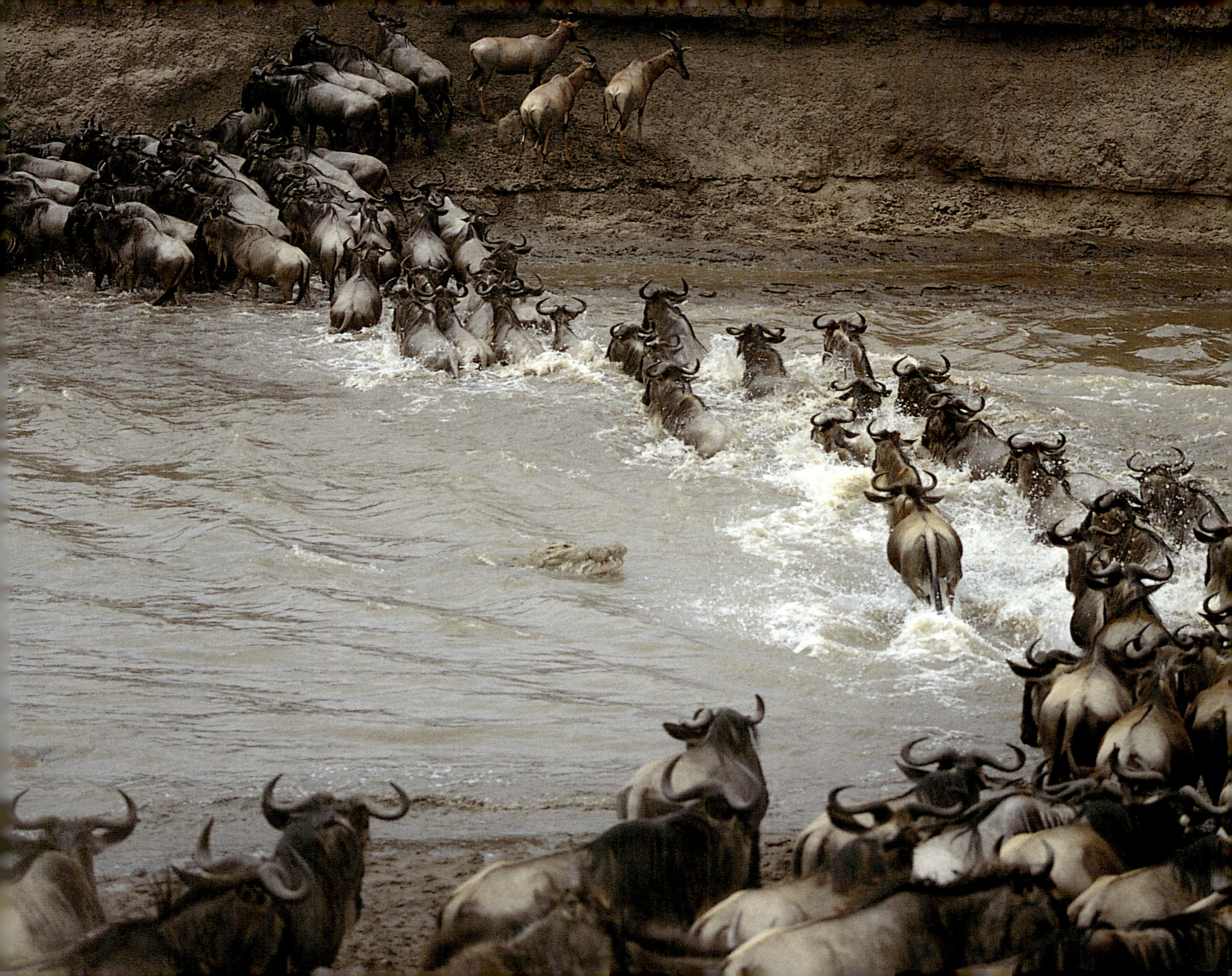

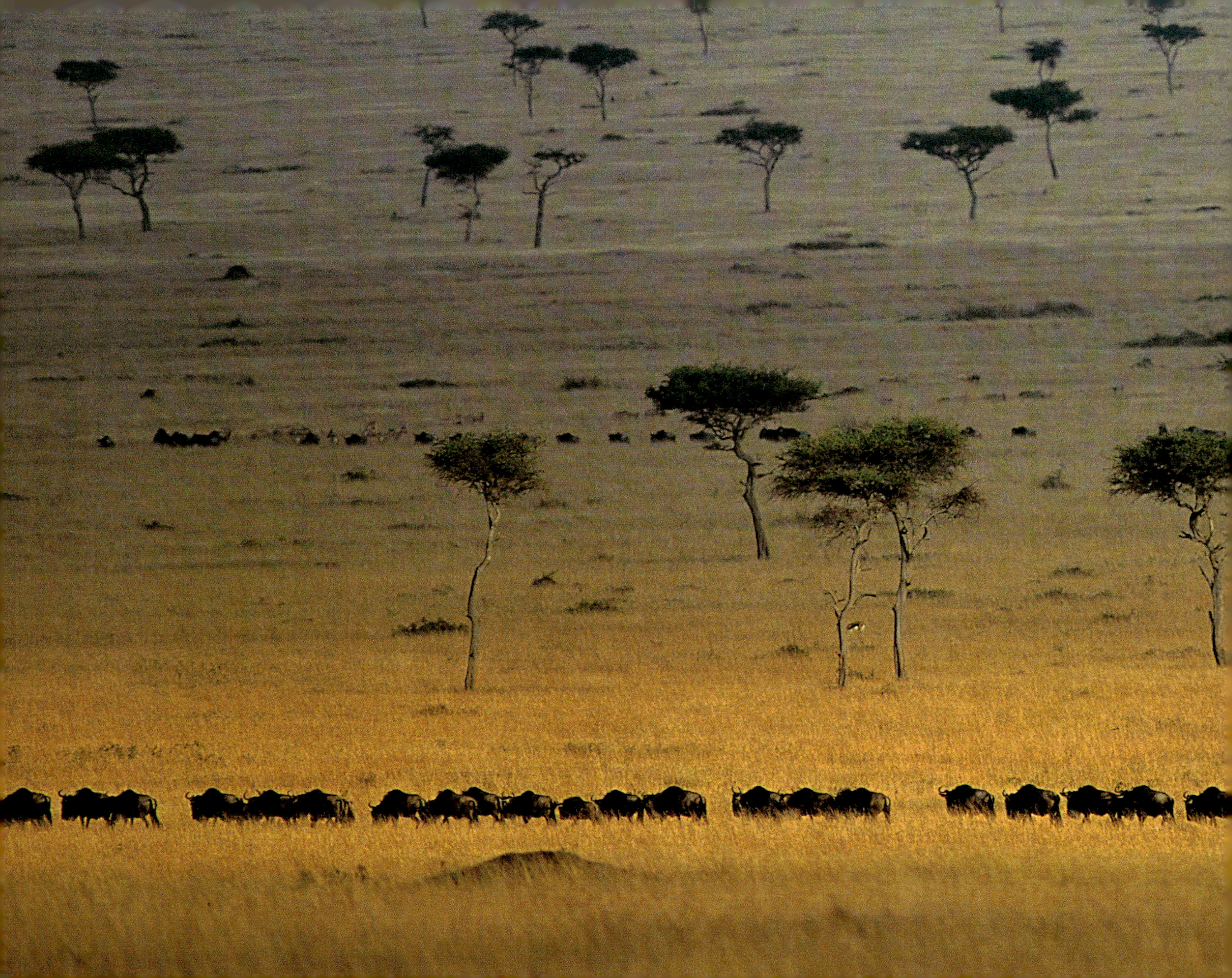

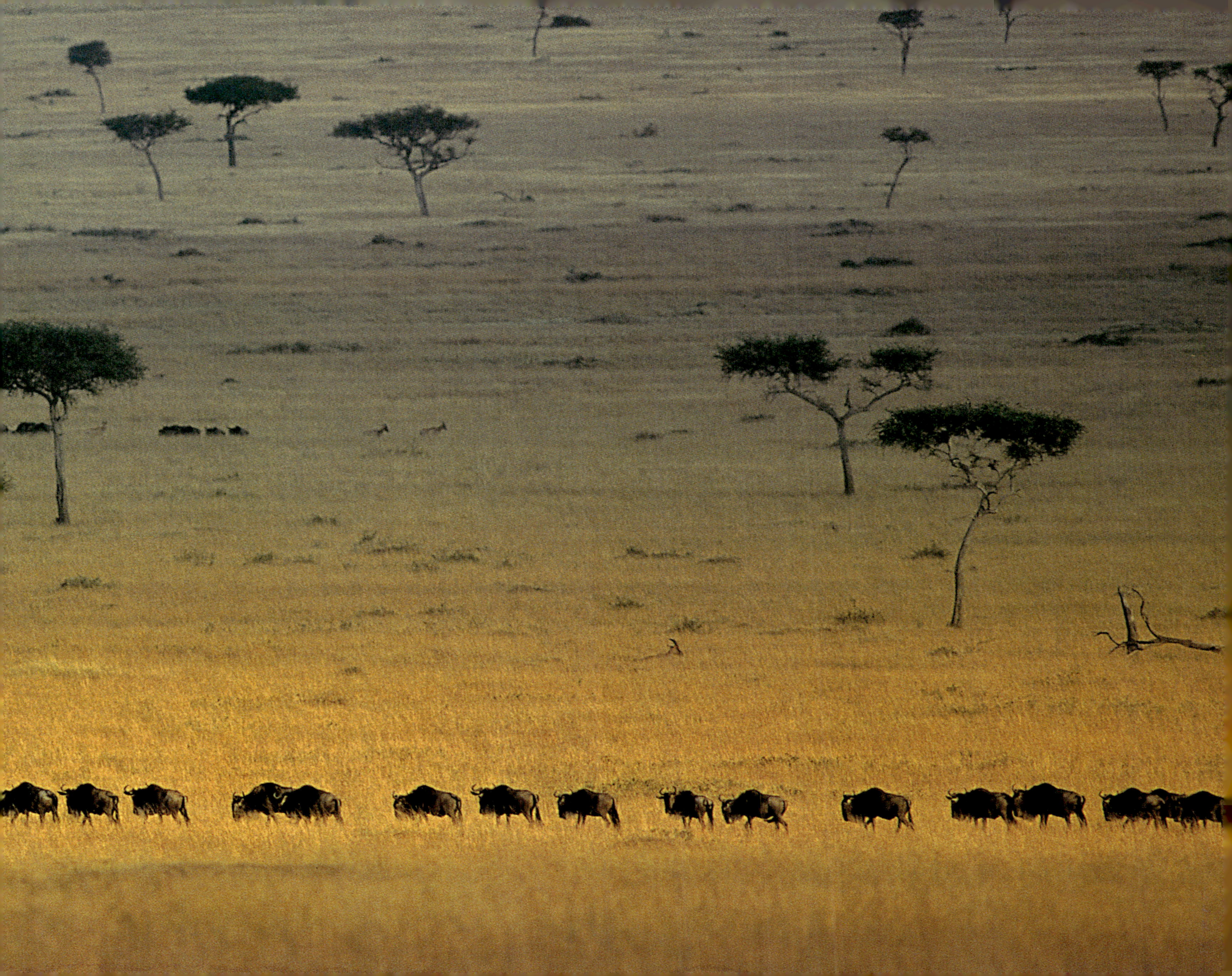

Giganten

Elefanten sind die letzten Riesen aus der Tierwelt, die als Art überlebt haben. Einer der besten Plätze um sie zu beobachten und zu fotografieren ist im »achten Weltwunder«, dem Ngorongoro-Krater in Tansania, am Rande der Serengeti.

Hier sind sie an Touristen gewöhnt und vor Wilderern sicher und daher nicht nervös und ängstlich, sondern friedlich und phlegmatisch. Ob Elefanten unter Druck von Wilderern stehen, merkt man sofort. In der Masai Mara etwa sind die Elefanten im Prinzip auch sicher und daher auch Menschen gegenüber recht tolerant. Manchmal aber trifft man auf eine kleine Gruppe, die sehr ängstlich und aggressiv ist und sofort dem Fahrzeug gegenüber Scheinangriffe startet. Das sind dann Tiere, die aus fernen Gebieten eingewandert sind, wo es nicht so friedlich zugeht wie in der Masai Mara, und die sich noch nicht an diesen paradiesischen Zustand gewöhnt haben.

Allerdings habe ich nirgendwo Elefanten angetroffen, die so tolerant sind wie die im Ngorongoro-Krater. Wenn man auf dem Weg mit seinem Fahrzeug stehen bleibt, kommen die Elefanten oft auf ihrem Weg näher und näher und marschieren dann oft nur wenige Meter vom Auto entfernt vorbei, völlig unbeeindruckt und ohne irgendwelche Reaktion zu zeigen.

links: 3,5/400 mm, 1,4 x Konverter, Kodachrome-64, Autoscheibenstativ, Masai Mara, Kenia.
rechts: 4,0/300 mm, Kodachrome-64, Autoscheibenstativ, Ngorongoro-Krater, Tansania.

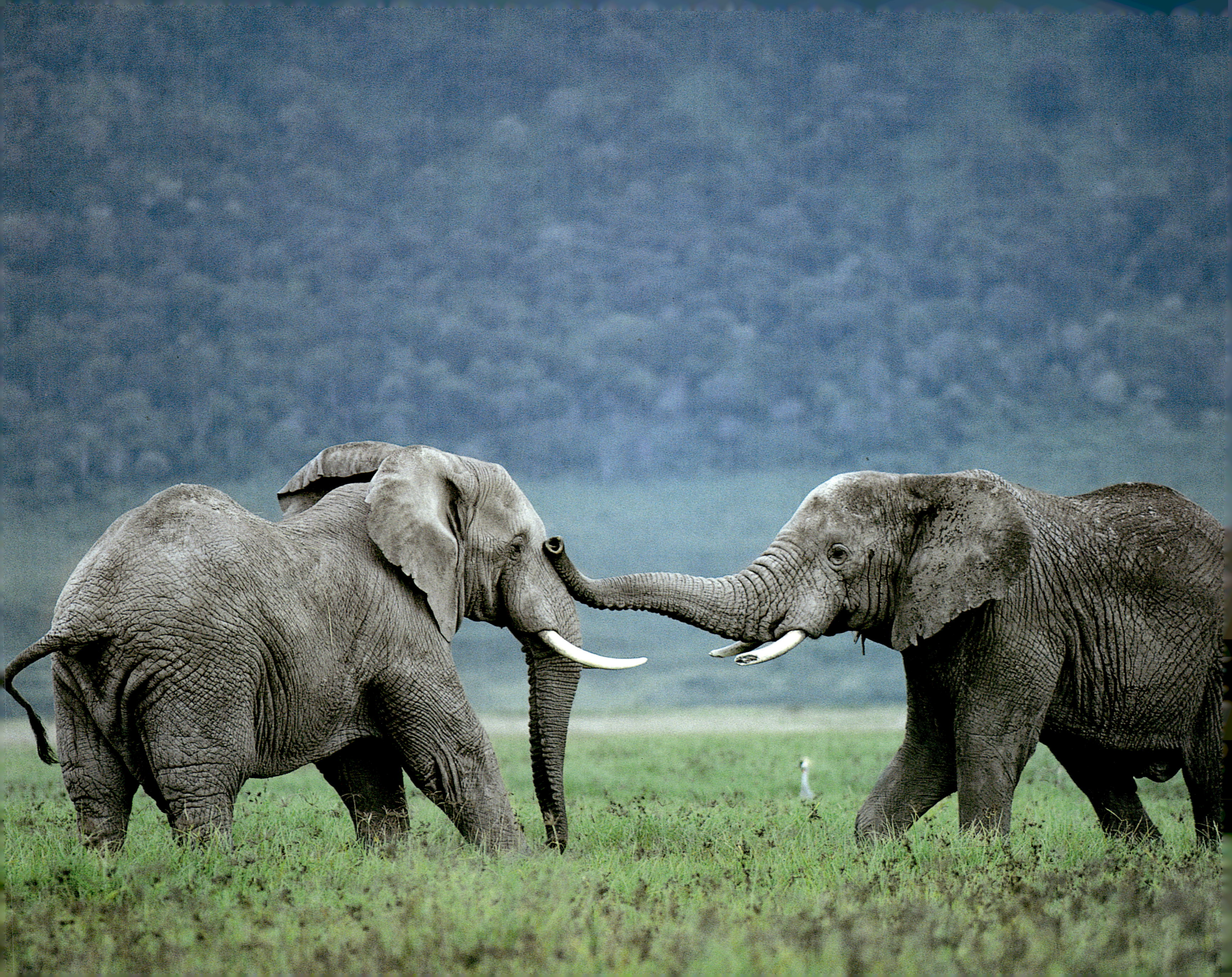

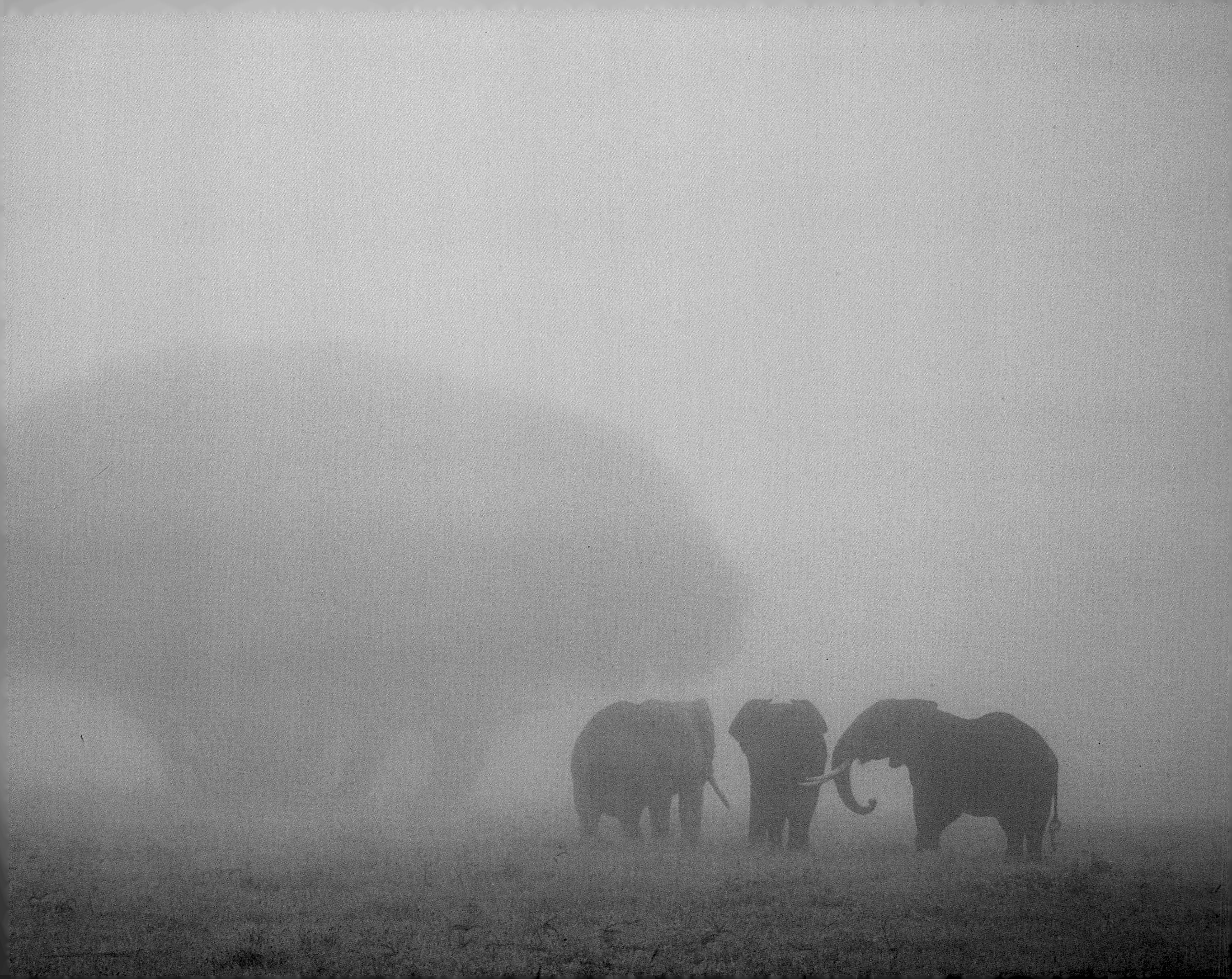

Früher konnte man auf dem Kraterboden des Ngorongoro zelten, was für Naturfotografen besonders günstig war, weil man dann schon vor Sonnenaufgang bei seinen Motiven war. Wenn man oben auf dem Kraterrand in einer der großartigen Lodges übernachtet, dann ist man erst im Krater, wenn das beste Licht schon vorbei ist.

So entstand auch die Elefantenaufnahme links ganz früh im Morgennebel, lange bevor die Sonne aufging, und dadurch entstand ein Bild von Elefanten, das etwas unüblich ist und diese wunderbaren Tiere in einer Atmosphäre zeigt, in der man sie sonst nicht zu sehen bekommt.

vorherige Seite: 4,0/80-200 mm, Kodachrome-64, Autoscheibenstativ. Ngorongoro-Krater, Tansania.

links: 4,0/300 mm, Kodachrome-64, Autoscheibenstativ, Ngorongoro-Krater, Tansania.

Notizen aus der Serengeti

Elefanten sind die idealen Tiere, wenn man als Fotograf den bequemsten Weg gehen will und die Belichtung nicht manuell einstellen möchte, sondern mit einem Belichtungsprogramm arbeitet, etwa der mittenbetonten Integralmessung oder einer Matrixmessung. Die Fotoindustrie verspricht nun Wunderdinge, was diese Messungen alles automatisch können, aber in der Realität geben sie alles zu dunkel wieder, was nicht dem mittleren Grauwert entspricht, also alles, was heller ist als ein Elefant. Alles, was dunkler ist als ein Elefant, wird zu hell wiedergegeben. Also sollte man mit einer Belichtungsautomatik nur Elefanten fotografieren, denn die entsprechen ganz exakt dem mittleren Grauwert.

Die Letzten

Nashörner zu fotografieren ist unglaublich schwierig. Sie sind zwar nicht scheu und sind auch leicht zu finden – wenn es welche gibt – aber sie laufen den ganzen Tag mit gesenktem Kopf herum und fressen. Daher ist es so frustrierend, wenn man versucht, gute Bilder von ihnen zu bekommen. Immer wenn sie mal den Kopf heben und man hat eben eingestellt – schon ist der Kopf wieder unten. Daher war ich richtig glücklich, als das Nashorn auf dem rechten Bild plötzlich an einem Dornenstrauch zu fressen anfing, denn da konnte es nicht den Kopf auf den Boden senken. Zum Glück – oder als Belohnung für stundenlanges Warten – kam dann noch genau in dem Augenblick ein Gelbschnabel-Madenhacker und fing an, das Ohr des Nashorns zu reinigen, was nicht schlecht war und dem Bild noch eine besondere Note gab.

Heute müssen in Afrika die letzten frei lebenden Nashörner praktisch rund um die Uhr bewacht werden. Jedes Nashorn hat in manchen Gebieten einen eigenen Ranger, der nur für dieses Nashorn zuständig und verantwortlich ist. Wenn mal ein Nashorn einige Stunden nicht zu sehen ist, wird sofort ein Hubschrauber angefordert, der es aus der Luft sucht und seinen Standort meldet. Alles nur, weil Menschen – vor allem in Asien – glauben, im Horn des Tieres seien potente Kräfte versteckt und man bereit ist, fast jeden Preis dafür zu zahlen. Für ein Horn wird den Wilderern mehr als 20.000 US-Dollar gezahlt; verständlich, dass man bei solchen astronomischen Summen immer jemanden findet, der es riskiert, ein Nashorn zu töten.

oben: 4,0/300 mm, Kodachrome-64, Autoscheibenstativ, Masai Mara
nächste Seite: 4,0/300 mm, Kodachrome-64, Autoscheibenstativ, im Ngorongoro-Krater.

Dieses Nashorn hat für Gelbschnabel-Madenhacker immer ein offenes Ohr.

Der Ngorongoro-Krater in Tansania: Wo Elefant und Nashorn sich guten Tag sagen.

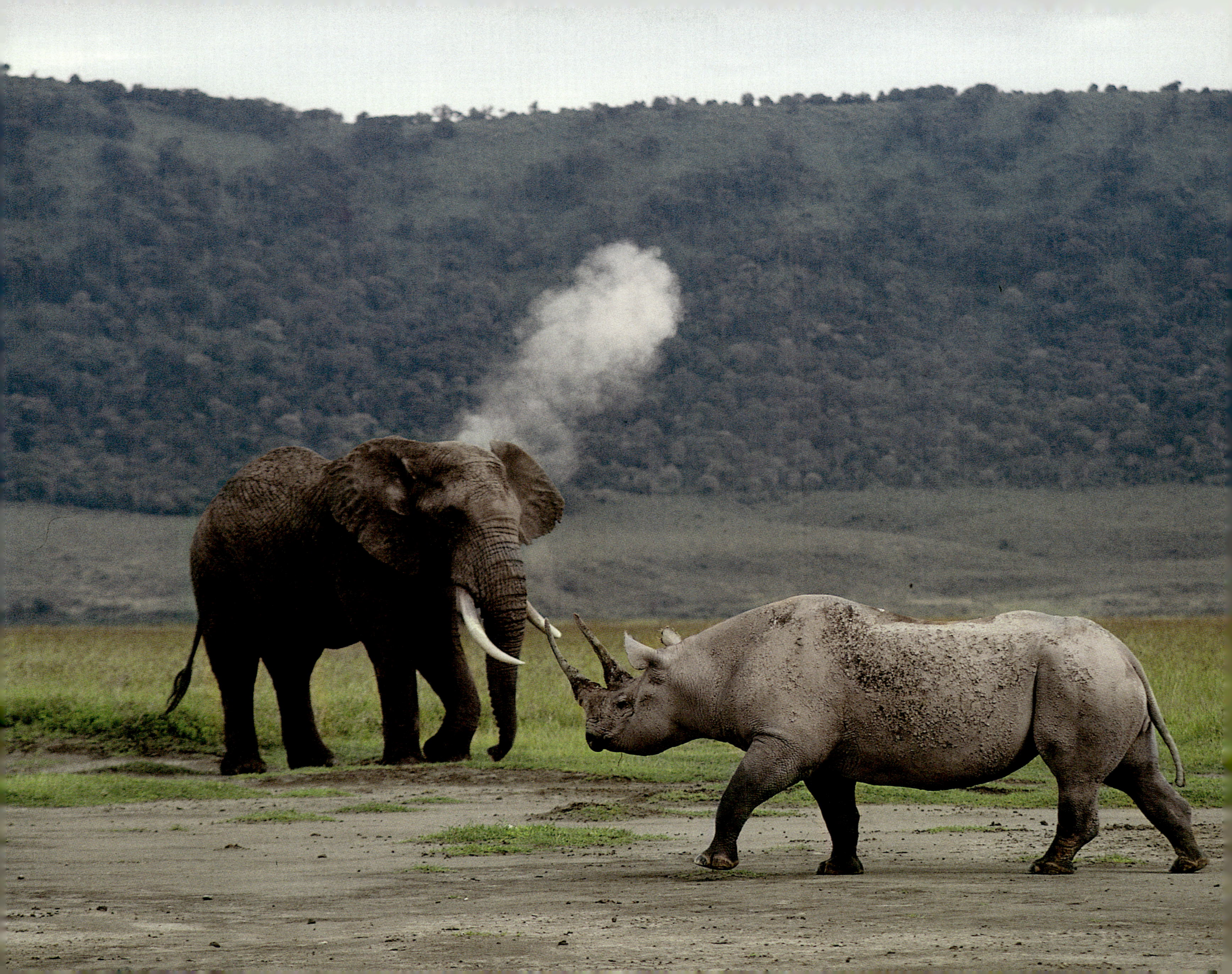

Morgenstund' hat Gold im Mund

Fledermausohr-Füchse, auch Löffelhunde genannt, gehören zu meinen Lieblingen. Es ist komisch, wie Tiere auf ein heranfahrendes Auto unterschiedlich reagieren. Geparde und Paviane springen auf die Autos in den afrikanischen Nationalparks, Leoparden kriechen darunter her, fast alle anderen Tiere ignorieren sie. Aber diese kleinen Fledermausohr-Füchse rennen immer davon. Sie brauchen nur von weitem ein Auto zu sehen – weg sind sie. Dabei könnten sie eigentlich die zutraulichsten von allen sein, sie haben wirklich keinen Grund fortzulaufen und ängstlich zu sein.

4,0/600 mm mit 1,4x Konverter, Sensia-100, Autoscheibenstativ, Masai Mara, Kenia.

Notizen aus der Masai Mara

Eines Tages entdeckte ich einen Bau mit fünf kleinen Jungen, die davor spielten. Die wollte ich gerne zusammen fotografieren, daher stellte ich mich jeden Morgen vor Tagesanbruch dreißig Meter vom Bau entfernt auf, damit der Wagen schon da war, wenn sie bei Tageslicht herauskamen. Nach drei bis vier Tagen konnte ich die Distanz bis auf 15 Meter verringern und schöne Fotos machen. Mein Lieblingsmotiv war dabei die Szene ganz früh vor Sonnenaufgang, wenn es noch kalt war und sich alle im Eingang des Baues aneinander schmiegten. Es dauerte fast eine ganze Woche, bis mir das Bild gelang. Tiere knipsen ist in Afrika einfach – fotografieren dauert aber genauso lange wie im Rest der Welt.

Eine ganz besondere Familie

Die Leopardin »Paradies« sah ich zum ersten Mal im Dezember 1991. Damals wusste ich natürlich noch nicht, was ich alles mit ihr erleben sollte, und kannte auch ihren Namen nicht. Das alles erfuhr ich erst später, als ich die Fotos von der Begegnung mit späteren Aufnahmen verglich. Denn so wie man jeden Menschen an seinem Fingerabdruck erkennen kann, lässt sich jeder Leopard an seiner Fellzeichnung erkennen, sie ist praktisch sein »Fingerabdruck«.

Paradies hatte sich in ihrer neuen Heimat eingerichtet und war sesshaft geworden. Sie war einer von etwa 250 Leoparden der besagten Masai Mara, einem Gebiet im Südwesten Kenias von etwa 5000 km² wovon 1500 km² Wildschutzgebiet sind, das sich an die nördliche Serengeti anschließt, und mit ihr zusammen eines der letzten großen und intakten Ökosysteme bildet. In einem der schönsten Teile der Masai Mara, zwischen den Aitong-Bergen und dem Mara-Fluss, liegt ein etwas felsiges Gebiet, in dem sich die Leopardenschlucht und die Feigenbaumallee befinden. Was für uns Hawaii oder Alaska als Urlaubsziele bedeuten, dass müsste dieser Biotop als Heimat für einen Leoparden sein – eine Traumlandschaft.

Hier war Paradies heimisch geworden und machte im Sommer 1992 einen Fehler. Bis jetzt war sie – außer durch ihre für Besucher erfreuliche Vertrautheit – nicht aufgefallen. Aber ihre Nonchalance und Unbekümmertheit ließ sie am hellen Tag auf einem Felsenplateau fast genau auf der Mitte zwischen Feigenbaumallee und Leopardenschlucht eine große Pavianherde angreifen und ein Jungtier erbeuten. Das erboste die Pavianmännchen dieser Gruppe so sehr, dass alle voller Zorn über Paradies herfielen und ihr in einer gemeinschaftlichen Aktion einen Teil ihres schönen, langen Schwanzes abbissen. Man sah dort für Augenblicke nur ein Knäuel aus Leopardenpunkten und fünf oder sechs großen Pavianmännchen sich in einer Staubwolke am Boden wälzen, bevor sich Paradies befreien konnte und auf einen hohen Baum flüchtete. Davongekommen, aber nur noch mit einem halben Schwanz! Ab jetzt war sie für alle unverwechselbar geworden und ihr Name wurde geändert in »Half-Tail«.

Beauty, die erste Tochter von Half-Tail. Rechts im Alter von drei Monaten und links mit eineinhalb Jahren.

links: 4,0/500 mm, Sensia-100, Autoscheibenstativ.
rechts: 4,0/200-400 mm, Sensia-100, Autoscheibenstativ.

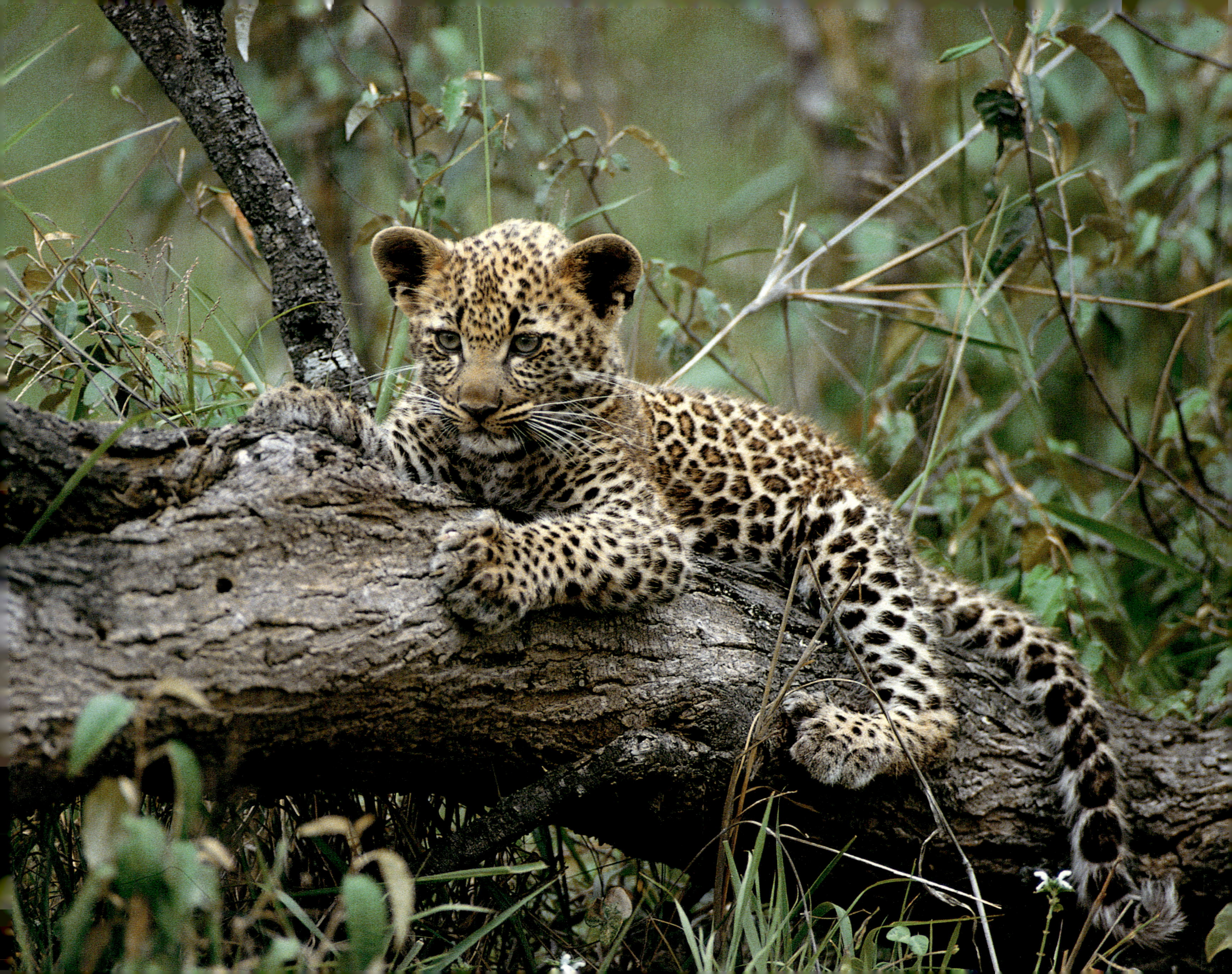

Tochter Beauty erklettert einen Baum. Hier ist sie 19 Monate alt. Schon mit 12 Monaten war sie selbstständig, was sehr früh ist für einen Leoparden.

links: 4,0/300 mm, Sensia-100, Autoscheibenstativ.
unten: 4,0/600 mm, Kodachrome-200, Autoscheibenstativ.

Half-Tails Sohn Manga'a und Tochter Taratibu üben schon mal.

Ich habe Half-Tail und ihre Kinder (deren Namen und Biographien ebenso festgehalten werden konnten) über mehrere Jahre beobachten, fotografieren und erleben können. An dieser Stelle kann ich natürlich nur wenige Beispiele präsentieren (siehe Buchhinweis S. 175). Ebenso wenig kann man auf wenigen Buchseiten die Erlebnisse wiedergeben. Aber bei dieser Beziehung ging es um weit mehr als das Festhalten der äußerlichen Merkmalen oder Verhaltensweisen des Tieres, sondern um die einzigartige Möglichkeit, eine unvergessliche Familie kennen zu lernen.

Half-Tail wurde leider im Juli 1999 durch den Speer eines Maasai-Hirten getötet, als sie seine Ziegenherde angreifen wollte.

Links: Half-Tail schleicht sich an einen Thomson-Gazellenbock heran und erbeutet ihn. Anschließend bringt sie die Beute zu ihrer Tochter Beauty, die nicht weit entfernt in einem Busch auf Mama wartet. Auf dem Bild oben hat Half-Tail ein junges Warzenschwein erbeutet.

Beauty spielt mit ihrer Mutter.

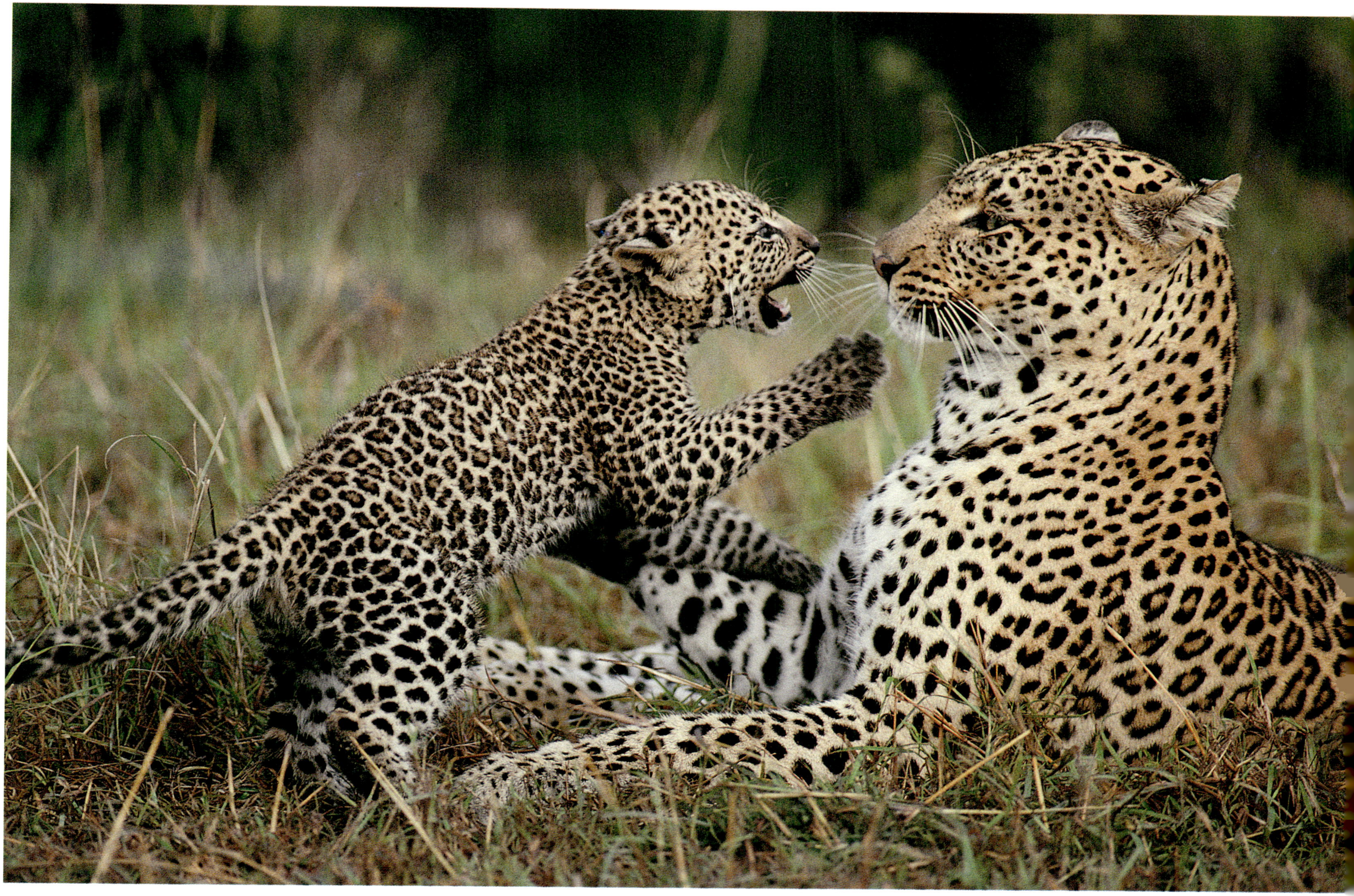

Ein Blick hinter die Kulissen

In Afrika kann man – ohne jeden Zweifel – die aufregendsten Tierfotos machen. Nirgendwo sonst lassen sich große Säugetiere so gut und einfach fotografieren und auch nirgendwo sonst kann man sie den ganzen Tag beobachten und alle Verhaltensweisen aufnehmen.

Nirgendwo auf der Welt kann man große Katzen vernünftig fotografieren, außer in Afrika die Löwen, Leoparden oder Geparde. Einer Katze kann man nämlich nur mit einem Vierradfahrzeug (Jeep) folgen, nicht zu Fuß, per Pferd oder sonstwie, das gestattet sie einfach nicht. Ein europäischer Luchs schlägt etwa 52 Rehe pro Jahr, trotzdem hat man überhaupt keine Chance, dies fotografisch zu dokumentieren, da er in dichten Wäldern lebt.

Auch die großen Katzen in Nordamerika sind sehr schwierig bis fast überhaupt nicht einigermaßen vernünftig aufzunehmen. Trotzdem arbeite ich am liebsten in Nordamerika, weil man – beinahe nirgendwo so angenehm und entspannt arbeiten kann wie dort.

Zwei Beispiele:

1. Auf dem linken Bild sieht man den Horstbaum eines Weißkopfseeadlers auf der Insel Marco in Südflorida. Bei uns so an einen Seeadlerhorst heranzugehen wäre unmöglich, der Vogel würde sofort sein Nest verlassen. Aber in diesen neuen Wohngebieten in Küstennähe gibt es keine alten Wälder für die Seeadler. Entweder sie akzeptieren die Menschen, die Häuser und die Straßen und bauen dort ihre Horste oder sie müssen verschwinden. Zum Glück haben sie sich mit den Gegebenheiten arrangiert. Hier führt eine Straße am Horst vorbei und man kann von dort unbesorgt von 6.00 Uhr am Morgen stehen bis 6.00 Uhr am Abend, und alle jene Verhaltensfotos vom Adler machen, die man immer schon haben wollte.

Diese beiden Arbeitsfotos zeigen die Plätze, an denen die Aufnahmen auf den Seiten 62/63 (Weißkopfseeadler) und 65 (Kanadareiher) entstanden sind.

2. Oder das Bild unten: Es zeigt eine kleine Insel im Stadtteich von Venice an der alten Bundesstraße 41 in Westflorida. Hier brüten Kanadareiher, Silberreiher und Schlangenhalsvögel. Man kann sie – in Augenhöhe – von morgens bis abends fotografieren – bei der Balz, der Paarung, beim Brutgeschäft, wenn sie die Jungen füttern, wenn sie mit Nistmaterial anfliegen, wenn sie bauen oder streiten – einfach alles. Und das ganz entspannt in gutem Licht aus genau der richtigen Entfernung für ein 400-mm- bis 600-mm-Objektiv. Dazu muss man nicht alleine kommen und ganz leise sein, damit die Tiere nicht vergrämt werden und abspringen, sondern man kann sich fröhlich und gut gelaunt mit allen möglichen Kollegen aus der ganzen Welt unterhalten und die Zeit vertreiben, wenn mal nichts passiert. Und da Nordamerika ziemlich groß ist, gibt es das ganze Jahr über irgendwo Schnee oder Sommerhitze, überall Nationalparks und Wildreservate, in denen man herrlich fotografieren kann, unter so angenehmen Arbeitsbedingungen, wie sonst nirgendwo auf der Welt. Deutschland ist dagegen flächendeckend von Jägern bevölkert, die sehr intensiv jagen und auch Reiher töten dürfen. Eine Tierart merkt eben sehr schnell, ob sie sicher ist oder ob man ihr nach dem Leben trachtet.

Was braucht man wirklich, wenn man Tierfotos machen will, die über die Qualität von Erinnerungsbildern hinausgehen? Zuerst natürlich eine Kleinbild-Spiegelreflexkamera. Wenn Sie schon eine haben und damit zufrieden sind: gut. Wenn Sie ein- oder umsteigen möchten, empfehle ich Ihnen jetzt (im Jahre 2000) eine Canon EOS-3 oder eine Nikon F-100.

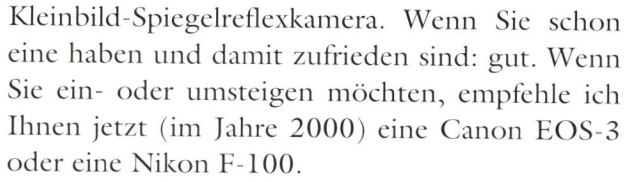

Dann benötigen Sie drei Objektive: ein 28-70 mm oder 28-85 mm, ein 70-210 mm mit einer Nahlinse (Vorsatzlinse) und ein 400-mm- oder (besser) ein 500-mm-Objektiv. Dazu noch einen 1,4 x Konverter.

Was Sie auf jeden Fall benötigen, ist noch ein vernünftiges Stativ mit einem guten Kugelkopf. Mein Rat wäre ein mittleres Gitzo Carbonstativ mit einem Linhof III Kugelkopf. Das alles packen Sie in einen Fotorucksack Lowepro Photo Trekker und dann sind Sie komplett ausgerüstet und bereit, die Welt der Tierfotografie zu erkunden und zu erobern. Dazu gibt es natürlich noch alle möglichen Kleinigkeiten, die man braucht oder gerne hätte. Glücklicherweise gibt es in Deutschland Leute, die sich auf die Bedürfnisse von Tier- und Naturfotografen spezialisiert haben. Lassen Sie sich einfach von dort Kataloge schicken.

Die Anschriften: ISARfoto Bothe, Münchener Str. 1, 82057 Icking, und Rainer Burzynski, Dorfstr. 44a, 17291 Lindenhagen.

Dann ergibt sich noch die Frage, welche Filme man nehmen sollte. Wenn Sie nur für sich fotografieren, für das Fotoalbum, Vergrößerungen an der Wand und Ausstellungen, dann ist der Farbnegativfilm ideal. Mit ihm kann man viel entspannter arbeiten als mit einem Diafilm. Nehmen Sie einen Kodacolor-100 oder Fujicolor-100, suchen sich ein gutes Labor und dann haben Sie ausgesorgt. Vor allem brauchen Sie sich überhaupt keine Gedanken über eine korrekte Belichtung der Negative zu machen! 2-3 Blendenstufen abweichende Belichtung verkraftet der Film mühelos.

Wenn Sie die Bilder allerdings in Zeitschriften und Büchern veröffentlichen wollen, müssen Sie im Augenblick noch mit Diafilm arbeiten (trotz des schnellen Fortschritts im digitalen Bereich sind digitale Datenträger wahrscheinlich so ab 2005 – 2010 in der Qualität von Diafilmen einsatzbereit). Daher empfehle ich Ihnen jetzt (im Jahr 2000) den Fujichrome Sensia-100. Der Velvia-50 ist für die Tierfotografie zu langsam, Ektachrome zu braun oder zu hart und zu bunt (Ektachrome-VS) und der Fujichrome Provia doppelt so teuer wie der Sensia, aber nicht sichtbar besser. Den Mehrpreis können Sie sich sparen.

Wenn ich Dia-Kollektionen von Amateuren sehe, sind fast immer 1/3 der Dias richtig belichtet, 1/3 etwas zu hell und 1/3 etwas zu dunkel. Wenn Sie Diafilm benutzen wollen und Wert auf wirklich korrekt belichtete Aufnahmen legen, sollten Sie arbeiten wie oben links zu sehen: Uwe Walz fotografierte mich da bei meiner Arbeit im Pantanal in Brasilien. Da der Kamerabelichtungsmesser fast immer Ergebnisse anzeigt, die 1/3 bis 1 ganze Blende von der richtigen Belichtung abweichen, sollte man – wenn möglich – mit einem Handlichtmesser und einer Graukarte Kontrollmessungen vornehmen.

Sandsack oder Scheibenstativ, das ist oft die Frage – vor allem in Afrika und Amerika. Auf dem mittleren Bild sehen Sie beides. Die Kamera auf dem Scheibenstativ für Aufnahmen aus dem Türfenster und der Sand-, Bohnen- oder Reis-Sack für Bilder aus dem Wagendach.

Mit Sandsack ist man schneller in Foto-Position als mit einem Scheibenstativ, und diese Anordnung ist auch nicht so verwacklungsempfindlich, weil man das Objektiv meistens vorne auflegt, wo es mit 4 bis 6 kg am schwersten ist und daher ganz ruhig liegt. Auf dem Kugelkopf wird das Objektiv quasi im Mittelpunkt befestigt und ist dann eine Art Wippe. Die schweren Linsen schwingen vorne völlig frei im Raum und sind sehr anfällig für

Erschütterungen. Daher wird oft der Sandsack zusätzlich oben auf das Objektiv gelegt, um so diese Vibrationen zu eliminieren. Trotzdem nehme ich lieber das Autoscheibenstativ, weil man damit besser gestalten kann. Die Kamera auf dem Stativ macht den Kopf frei für die Bildinhalte. Auf Seite 170 rechts sehen sie, wie Profis in Afrika arbeiten. Hier ist es Tom Brakefield. Im Türrahmen das 600er für gestaltete Fotos auf einem Scheibenstativ und oben in der Dachluke das 300er für schnelle Schnappschüsse. Dazu die ideale Kombination: 1 Wagen, 1 Fahrer, 1 Fotograf.

Momente in der Natur einzufangen mit der Kamera, in der Einheit von Ort, Zeit und Geschehen, das ist die eigentlich angestrebte Form von Tier- und Naturfotografie. Naturdokumente zu schaffen, die zeigen, wie es wirklich ist. Manchmal ist Tierfotografie auch Kamerajagd, aber vom fotografischen Standpunkt eines Naturschilderers mit der Kamera ist es besser, je weniger scheu die Tiere sind. Je weniger Probleme man mit Fluchtdistanzen, Komfortgrenzen und Scheu vor den Menschen hat, desto mehr kann man sich auf seine eigentliche Aufgabe konzentrieren, die Tiere in ihrem ungestörten Verhalten zu zeigen. Situationen, wie sie dieses Arbeitsfoto (Mitte) zeigt, sind daher ideal: Der fressende Fischadler vor einem unbekannten Kollegen im Ding-Darling-Tierschutzgebiet auf der Insel Sanibel in Südwestflorida: Er könnte ohne weiteres mit dem Fisch irgendeinen anderen Ast aufsuchen, wenn er sich durch den Fotografen auch nur im Geringsten gestört fühlte.

Hier scheint der Fotograf einen Moment der »Zärtlichkeit« zu stören. Aber wie auf Seite 72 dieses Buches unten rechts zu sehen ist, entstand eine harmonische Aufnahme.

Vierflecklibellen im Goldenstedter Moor bei Vechta, Niedersachsen.

Den Trick oder das Geheimnis, wie interessante Tieraufnahmen entstehen, möchte jeder gerne wissen. Viele glauben, wenn sie den Trick der Profis kennen, würden sie auch tolle Fotos machen. Es gibt ihn und ich verrate ihn hier: Es ist nicht die teure Ausrüstung, es sind einfach die Stunden, in denen Sie draußen sind. Man braucht Glück, aber man kann nur Glück haben, wenn man ihm eine Chance gibt. Wenn man zehn Tage hintereinander jeden Morgen ins Moor wandert, passiert an neun Tagen vielleicht überhaupt nichts, aber am zehnten Tag trifft man plötzlich auf eine große Gruppe Vierflecklibellen die zu dutzenden an Ästen hängen. Auf dem Bild rechts, wo mich Willi Rolfes bei der Arbeit fotografierte, kann man schön sehen, wie sie alle Zweige besetzen.

Der zweite Trick ist, präpariert zu sein. Das heißt nicht nur, die richtige Ausrüstung und genügend Filme bei sich zu haben, sondern auch sein Auge und seine Technik geschult zu haben. Wenn ich Anfänger manchmal frage, wie oft sie eigentlich trainieren, ernte ich erstaunte Blicke und Unverständnis. Ein Tennisprofi trainiert jeden Tag 5 – 8 Stunden, jeder Pianist übt jeden Tag stundenlang, aber viele Fotografen meinen, sie brauchen nur eine teure Kamera und dann klappt alles von alleine. Man muss schon wissen, wann man eine Spiegelvorauslösung einsetzen sollte – das kann man durch üben feststellen, ebenso, welche Blende für welches Motiv die richtige ist. Dies und vieles mehr sollte man vorher üben und nicht erst ausprobieren, wenn die Situation da ist.

Langweilig ist es auf keinen Fall in der Tierfotografie. Es ist vielleicht kalt, nass oder regnerisch, man liegt manchmal auf dem Bauch im Schnee oder wird von Mücken und anderen kleinen, niedlichen Tierchen zerstochen. Auch ist ein Fotoschirm oft hilfreich, wie das obere Bild zeigt, womit mich Konrad Wothe bei den Schneeaffen in Japan fotografiert hat.

Tierfotografie ist aufregend, interessant, aber auf keinen Fall gefährlich. In der Masai Mara etwa sind schon etliche Menschen von Banditen erschossen worden, andere mit Heißluftballons abgestürzt, wieder andere haben mit Flugzeugen Bruchlandungen gemacht, aber noch nie haben mich ein Löwe, ein Bär oder eine Schlange angegriffen. Noch nie in 40 Jahren bin ich durch ein frei lebendes Tier in eine gefährliche Situation gebracht worden. Nur manchmal durch Menschen oder durch ihre technischen Spielzeuge, etwa wenn beim Start plötzlich ein Motor ausfällt. Die wilden Tiere sind harmlos ...

So wie man sagt: »Das Gefährlichste am Fliegen ist der Weg zum Flughafen«, so kann man auch sagen: »Das Gefährlichste an der Tierfotografie ist der Weg zum Arbeitsplatz«. Wenn man erst einmal bei den Löwen oder Krokodilen ist, kann einem nichts mehr passieren.

Hier (links) musste ich plötzlich eine ausgewogene Balance zwischen einer Zeitbelichtung auf den Hintergrund und einer Blitzbelichtung auf das Hauptmotiv herstellen.
Oben: »Von oben herab« zu fotografieren ergibt selten gute Bilder. Augenhöhe heißt das Zauberwort, wenngleich dies oft durch Kontakt mit Kälte, Nässe oder Schlamm bezahlt werden muss.

Bild Seite 176: Der Leopard Manga'a, erster Sohn von Half-Tail, blieb von 7.00 Uhr am Morgen bis 19.00 Uhr am Abend auf diesem Baum, ohne ihn auch nur einmal zu verlassen. (Was bedeutete, dass der Fotograf genau so lange dort warten musste.)

Register

Alligator 34, 52-55, 56, 146
Antilope 124-125, 134, 136, 138-140, 144, 146
Ara *siehe* Papagei

Bär 92, 172
    Braunbär 69-71
Büffel 142, 144
    Kaffernbüffel 119, 120, 121, 126, 143
Bussard 43, 114

Eisbär 74-77
Eisvogel 4, 88-91, 142
Elefant 152-155, 157
Eule
    Kaninchenkauz 1, 60
    Milchuhu 142
    Streifenkauz 58-59

Felsenkrabbe *siehe* Klippenkrabbe
Fink 46
Fischadler 2, 7, 78-81, 98-99, 171
Fledermausohrfuchs 158-159
Flussotter 61
Flusspferd 126-129, 146-147
Fregattvogel 48

Gabelracke 143
Gazelle 141, 142, 144-145, 166
Geier 148
Gepard 134-141, 148, 158, 168
Giraffe 144
Gnu 144, 145, 146, 148-151
Gorilla 119

Haubentaucher 87
Haubenzwergfischer 142
Hyäne 120, 134, 148, 161

Impala *siehe* Antilope

Kaiman *siehe* Krokodil
Karakara 28-29
Kauz *siehe* Eule

Klippenkrabbe 44-45
Krokodil 34-37, 56-57, 145-147, 148, 172

Leguan 46
Leopard 134, 142, 148, 158, 162-167, 168, 176
    siehe auch Schneeleopard
Libelle 95-97
Löffelhund *siehe* Fledermausohrfuchs
Löwe 120-123, 126, 134, 143, 148, 168, 172
Luchs 92-93

Madenhacker 25, 144, 156
Makake *siehe* Schneeaffe
Meerechse 46-47
Mollymauk 30-31
Möwe 98

Nashorn 156-157

Panda
    Riesenpanda 102-107
    Roter Panda 106
Papagei 38-39
Pavian 130-133, 158, 162
Pinguin
    Adeliepinguin 16-17
    Baronpinguin 21
    Eselspinguin 16
    Goldschopfpinguin 9, 16
    Kaiserpinguin 10-15, 18, 20
    Königspinguin 18-23

Reiher 126-127
    Kanadareiher 65, 169
    Silberreiher 65-68

Robbe
    Elefantenrobbe 24-25

Südgeorgien-Pelzrobbe 25
Rotgesichtsmakake *siehe* Schneeaffe

Schildkröte
    Elefantenschildkröte 43
    Riesenschildkröte 40-42
Schimpanse 118-119
Schlange 126, 172
    Felsenpython 124-125
    Wasserschlange 55
Schlangenadler 142
Schlangenhalsvogel 64-65
Schmetterling 36-37, 171
    Monarch-Schmetterling 72-73
Schneeaffe 112-115, 172, 174
Schneeleopard 109-111
Schwarzbrauen-Albatros
    siehe Mollymauk
Seeadler 63, 78, 168
See-Elefant *siehe* Robbe
Seelöwe 48-49
Storch
    Jaribu-Storch 32
    Weißstorch 84-86

Töpfervogel 33
Tukan 33

Uferwipper 24-25

Warzenschwein 166
Waschbär 78
Webervogel 142-143
Wildhund 160
Wildkatze 92
Wisent 92
Wolf 92

Zebra 120, 143, 144, 145, 152

Weitere Bücher von Fritz Pölking

Störche (mit Uwe Walz)
Leben auf der Kathedrale.
78 Seiten, 90 Abbildungen, 24,5 x 23 cm, DM 48,-, ISBN 3-924044-25-2
Tecklenborg Verlag, 1996.

Masai Mara
Afrikas Garten Eden
88 Seiten, 100 Abbildungen, 24,5 x 23 cm, DM 48,-, ISBN 3-924044-16-3
Tecklenborg Verlag, 1995.

Leoparden
Die geheimnisvollen Katzen
152 Seiten, 154 Abbildungen, 31 x 24 cm, DM 88,-, ISBN 3-924044-17-1
Tecklenborg Verlag, 1995

Der Leopard (mit Wally+Horst Hagen)
Einblicke in das Leben der Katze.
160 Seiten, 137 SW-Fotos, 17 x 24 cm, DM 39,-, ISBN 3-924044-21-X.
Tecklenborg Verlag, 1995

Geparde (mit Norbert Rosing)
Die schnellsten Katzen der Welt
128 Seiten, 142 Abbildungen, 31 x 24 cm, DM 68,-, ISBN 3-924044-11-2.
Tecklenborg Verlag, 1993.

Fotoprojekt Masai Mara
Wenn Sie an den ganzen, oft sehr speziellen und subtilen fotografischen Hintergründen der Leopardengeschichte (Seiten 162 bis 167 dieses Buches) interessiert sind, dann lassen Sie sich bitte (mit einem beigefügten Euroscheck über DM 20,-) die Schwarzweiß-Dokumentation »Fotoprojekt Masai Mara« von der Gesellschaft Deutscher Tierfotografen schicken (Geschäftsstelle der GDT, Liebigstr. 11a, D-49074 Osnabrück).
Ein Werkstattbuch, 110 Seiten, zahlr. SW-Fotos, 21 x 30 cm.

Detaillierte Informationen zu diesen Büchern und viele interessante Neuigkeiten aus der wunderbaren Welt der Tier- und Naturfotografie finden Sie im Internet unter:

www.poelking.com

Fritz Pölking im Augustus Verlag

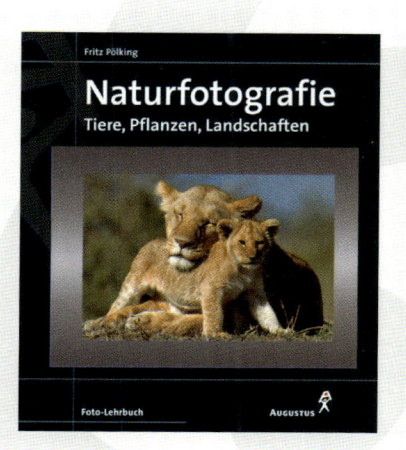

Naturfotografie – Tiere, Pflanzen, Landschaften
96 Seiten, 167 Abbildungen, 21 x 26 cm, DM 34,-
ISBN 3-8043-5038-0.

Tierfotografie – Begegnungen von Mensch und Tier
96 Seiten, 184 Abbildungen, 21 x 26 cm, DM 39,90
ISBN 3-8043-5116-6.

Nahfotografie in der Natur
96 Seiten, 150 Abbildungen, 21 x 26 cm, DM 34,-
ISBN 3-8043-5097-6